江西财经大学信毅学术文库

职场不文明行为作用机制研究

——基于不同来源的视角

占小军 著

中国财经出版传媒集团
中国财政经济出版社

图书在版编目（CIP）数据

职场不文明行为作用机制研究：基于不同来源的视角/占小军著. -- 北京：中国财政经济出版社，2020.12

（江西财经大学信毅学术文库）

ISBN 978 - 7 - 5223 - 0042 - 9

Ⅰ. ①职… Ⅱ. ①占… Ⅲ. ①工作人员－不良行为－研究 Ⅳ. ①F241

中国版本图书馆 CIP 数据核字（2020）第 173290 号

责任编辑：彭　波　　　　责任印制：史大鹏
封面设计：王　颖　　　　责任校对：李　丽

职场不文明行为作用机制研究
ZHICHANG BUWENMING XINGWEI ZUOYONG JIZHI YANJIU

中国财政经济出版社 出版

URL：http://www.cfeph.cn
E - mail：cfeph@cfeph.cn

（版权所有　翻印必究）

社址：北京市海淀区阜成路甲 28 号　邮政编码：100142
营销中心电话：010 - 88191522
天猫网店：中国财政经济出版社旗舰店
网址：https://zgczjjcbs.tmall.com
北京财经印刷厂印刷　各地新华书店经销
成品尺寸：170mm×230mm　16 开　10.25 印张　180 000 字
2020 年 12 月第 1 版　2020 年 12 月北京第 1 次印刷
定价：68.00 元
ISBN 978 - 7 - 5223 - 0042 - 9
（图书出现印装问题，本社负责调换，电话：010 - 88190548）
本社质量投诉电话：010 - 88190744
打击盗版举报热线：010 - 88191661　QQ：2242791300

总　序

　　书籍是人类进步的阶梯。通过书籍出版，由语言文字所承载的人类智慧得到较为完好的保存，作者思想得到快速传播，这大大地方便了知识传承与人类学习交流活动。当前，国家和社会对知识创新的高度重视和巨大需求促成了中国学术出版事业的新一轮繁荣。学术能力已成为高校综合服务水平的重要体现，是高校价值追求和价值创造的关键衡量指标。

　　科学合理的学科专业、引领学术前沿的师资队伍、作为知识载体和传播媒介的优秀作品，是高校作为学术创新主体必备的三大要素。江西财经大学较为合理的学科结构和相对优秀的师资队伍，为学校学术发展与繁荣奠定了坚实的基础。近年来，学校教师教材、学术专著编撰和出版活动相当活跃。

　　为加强我校学术专著出版管理，锤炼教师学术科研能力，提高学术科研质量和教师整体科研水平，将师资、学科、学术等优势转化为人才培养优势，我校决定分批次出版高质量专著系列；并选取学校"信敏廉毅"校训精神的前尾两字，将该专著系列命名为"信毅学术文库"。在此之前，我校已分批出版"江西财经大学学术文库"和"江西财经大学博士论文文库"。为打造学术品牌，突出江财特色，学校在上述两个文库出版经验的基础上，推出"信毅学术文库"。在复旦大学出版社的大力支持下，"信毅学术文库"已成功出版两期，获得了业界的广泛好评。

　　"信毅学术文库"每年选取 10 部学术专著予以资助出版。这些学术专著囊括经济、管理、法律、社会等方面内容，均为关注社会热点论题或有重要研究参考价值的选题。这些专著不仅对专业研究人员开展研究工作具有参考价值,也贴近人们的实际生活,有一定的学术价值和现实指导意义。专著的作者既有学术领域的资深学者,也有初出茅庐的优秀博士。资深学者因其学术涵养深厚,他们的学术观点代表着专业研究领域的理论前沿,对他们专著的出版能够带来较好的学术影响和社会效益。优秀博士作为青年学者,他们学术思维活跃,容易提出新的甚至是有突破性的学术观点,从而成为学术研究或学术争论的焦点,出版他们学术成果的社会效益也不言自明。一般而言,国家级科研基金资助项目具有较强的创新性,该类研究成果常常在国内甚至国际专业研究领域处于领先水平,基于以上考虑,我们在本次出版的专著中也吸纳了国家级科研课题项目研究成果。

"信毅学术文库"将分期分批出版问世,我们将严格质量管理,努力提升学术专著水平,力争将"信毅学术文库"打造成为业内有影响力的高端品牌。

王 乔

2016 年 11 月

前　言

近年来，随着员工工作压力的不断增大，使工作场所的人际关系更加敏感，加之受社会及组织的束缚，导致员工之间成为一种零和竞争关系。这些因素都直接或间接地对组织的和谐氛围造成了不良影响，进而导致工作场所阴暗面行为的产生。由于这些工作场所负面行为显著提高了组织及员工的运营成本，关于工作场所负面行为的研究正在与日俱增。但学者关注的焦点是那些强度较大、伤害意图较为明显的负面行为，如暴力、攻击行为、工作场所越轨行为，而对那些强度较小、意图模糊，但在组织中却更为频繁发生的不文明行为没有予以足够的关注。由于人格特质、利益、信仰、立场及关注点的差异，使职场不文明行为的发生不可避免。

自 Andersson 和 Pearson（1999）第一次提出职场不文明行为这一概念以来，经过了 20 年的发展，累积了逾百篇相关论文。在不同文化情境下的研究显示，不文明行为在世界范围内普遍存在。与此同时，国内学者也对不文明行为进行了一定的探讨。纵然不文明行为的研究呈现欣欣向荣的景象，但这些研究是支离破碎的，缺乏对职场不文明行为开展系统的研究，这在一定程度上阻碍了不文明行为研究的进展。

由于当前关于职场不文明行为的研究多是围绕着一个来源探讨其机制，为全面了解职场不文明行为的作用机制，因而需要考虑不同来源的差异。基于此，本书响应 Zhou 等（2019）的号召，从主管、同事和顾客三个来源全面探讨职场不文明行为的作用机制。

由于主管在权力控制、资源分配及职务晋升等方面拥有更大的影响力，因而主管更倾向于产生不文明行为，所造成的危害也更大（Lim & Lee，2011）。Lim 和 Lee 的实证研究结果也表明，主管不文明行为显著高于来自同事、下属的不文明行为。基于情绪和认知两个视角，本书比较了消极情绪和交互公平在主管不文明行为与员工工作满意度和生活满意度之间的中介作用。以449名员工及其同事为研究对象发现：（1）消极情绪和交互公平在主管不文明行为与员工工作满意、生活满意之间均起到中介作用；（2）在主管不文明行为对工作满意度的影响上，交互公平的中介效应强于消极情绪；（3）在主管不文明行为对生活满意度的影响上，消极情绪和交互公平的中介效应无明显差异。总体来看，情绪及认知均能解释主管不文明行为对下属工作、生活满意度的影响，但对于不同类型的满意度，两种视角的解释效果有所差异。

相对于主管而言，同事与员工的接触时间更长，这使相对于领导不文明行为，同事不文明行为更为普遍。基于此，本书根据情感事件理论及资源保存理论，采用问卷调查法对441名员工进行追踪调查，从情绪和组织支持视角，探讨了同事不文明行为对员工离职意愿的影响及内在作用机制。结果表明：消极情绪是同事不文明行为对员工离职意愿的部分中介变量；组织支持感调节了同事不文明行为与员工消极情绪之间的关系以及同事不文明行为通过消极情绪对员工离职意愿的中介效应。

顾客不文明行为与职场内部成员之间交互不同的是，顾客—员工之间交互的特点往往是偶然、单次的，这种匿名的交互过程提升了顾客不当对待员工的概率，同时这种交互的目的仅为提供顾客更为满意的产品或服务。这表明顾客不文明行为在很多方面有别于来自主管及同事的不文明行为。基于社会认知视角，探讨顾客不文明行为影响服务员工不良行为的道德自我调节机制，并在此基础上检验员工道德认同在顾客不文明行为、道德推脱及服务员工破坏行为这一关系中的作用。采用216份员工—主管配对数据，结果发现：（1）顾客不文明行为显著正向影响员工服务破坏行为；（2）道德推脱中介顾客不文明行为与员工服务破坏行为的关系；（3）道德认同正向调节着顾客不文明行为与道德推脱之间的关系；（4）道德认同正向调节道德推脱在顾客不文明行为与服务破坏行为的中介效应。

通过分别探讨主管、同事以及顾客三类不同来源职场不文明行为的作用机制，根据研究结论，我们认为，主管、同事和顾客的不文明行为都会对员工或顾客产生不利影响。因此，为消除职场不文明行为的不利影响，企业管理者应采取相应的措施来干预职场不文明行为或通过相关途径来舒缓员工的消极反应。

前　言

本书系本人主持的国家自然科学基金项目"顾客不文明行为的多视角形成机制研究（71662013）"的阶段性成果，这些研究成果大多已发表在"Asia Pacific Journal of Human Resources"、《管理评论》《当代财经》以及《江西社会科学》等学术期刊上，本次整理成书时也对相关内容进行了一定的补充、修改和完善。

感谢江西财经大学为本书提供的资助，同时也感谢中国财政经济出版社为本书出版所付出的辛勤劳动。

占小军

2020 年 8 月

目 录

1 引言 ·· 1
   1.1 研究背景 ·· 1
   1.2 研究问题的提出 ·· 3
   1.3 研究意义 ·· 6
   1.4 研究框架 ·· 8
   1.5 研究技术路线 ·· 10
   1.6 研究内容和研究创新 ·· 11

2 相关研究回顾及评述 ··· 14
   2.1 职场不文明行为 ·· 14
   2.2 员工态度及行为研究回顾及评述 ·································· 34
   2.3 研究评述 ·· 47

3 职场不文明行为对员工工作及生活的影响机制：
   基于主管的视角 ·· 50
   3.1 理论与假设 ·· 53
   3.2 研究设计 ·· 57
   3.3 数据收集 ·· 61
   3.4 数据分析 ·· 63
   3.5 讨论 ·· 68

4 职场不文明行为对员工离职倾向的影响机制：基于同事视角 ……… 71
    4.1 理论基础和研究假设 ………………………………………… 73
    4.2 研究设计 …………………………………………………… 77
    4.3 数据收集 …………………………………………………… 80
    4.4 数据分析 …………………………………………………… 82
    4.5 讨论 ………………………………………………………… 87

5 职场不文明行为对服务破坏行为作用机制研究：基于顾客视角 …… 90
    5.1 理论与假设 ………………………………………………… 92
    5.2 研究设计 …………………………………………………… 96
    5.3 数据收集 …………………………………………………… 100
    5.4 数据分析 …………………………………………………… 101
    5.5 讨论与总结 ………………………………………………… 107

6 研究结论与展望 ……………………………………………………… 110
    6.1 结果分析 …………………………………………………… 110
    6.2 理论启示 …………………………………………………… 114
    6.3 实践启示 …………………………………………………… 115
    6.4 研究局限及展望 …………………………………………… 116

附录　研究所用量表 …………………………………………………… 118
参考文献 ………………………………………………………………… 126

1 引 言

自 Andersson 和 Pearson（1999）第一次提出职场不文明行为这一概念以来，经过了 20 多年的发展，累积了逾百篇国内外相关论文。在不同文化情境下的研究显示，不文明行为在世界范围内普遍存在，并对组织和员工具有显著的消极影响。与此同时，国内学者也对不文明行为进行了一定的探讨，并取得了一定的研究成果。纵然不文明行为的研究呈现欣欣向荣的景象，但这些研究是支离破碎的，缺乏对职场不文明行为开展系统的研究，这在一定程度上阻碍了不文明行为研究的进展。由此，为了更清晰地把握不文明行为研究的理论方向，本书突破从单一视角探讨职场不文明行为的桎梏，根据实施者来源的差别，全面梳理职场不文明行为研究的理论基础、逻辑脉络，分别从主管、同事以及顾客三个视角探讨职场不文明行为的作用机制，试图从不同视角厘清职场不文明行为的作用过程。

1.1 研究背景

近年来，随着员工工作压力的不断增大，使工作场所的人际关系更加敏感，加之受社会及组织的束缚，导致员工之间成为一种零和竞争关系。这些因素都直接或间接地对组织的和谐氛围造成了不良影响，进而导致工作场所阴暗面行为的产生。由于这些工作场所负面行为（dark side）显著提高了组织的运营成本，关于工作场所负面行为的研究正在与日俱增。但学者关注的焦点是那些强度较大、伤害意图较为明显的负面行为，如暴力、攻击行为、工作场所越轨行为，而对那些强度较小、意图模糊，但在组织中却更为频繁发生的不文明行为没有予以足够的关注。由于人格特质、利益、信仰、立场及关注点的差异，使职场不文明行为的发生不可避免。调查表明，Porath 和 Pearson（2013）指出，98%的员工遭受过不文明行为，同时一般员工至少每周都会受到无礼对待。来自印度、日本、韩国及新加坡等亚洲国家的数据也表明，超过77%的员工在过去一年之内感受到来自主管、同事的不文明对待（Yeung & Griffin，2008）。国内知名招聘网站"智联招聘"在2007年和2009年的两次调查显示，在我国近七成的受访者表示曾遭遇过职场冷暴力。职场不文明行为作为"职场最普遍的反社会行为之一"（Cortina，2008），研究显示，其所造成的危害远高于由组织公民行为所带来的收益（Duffy et al.，2002）。

职场不文明行为作为一种人际指向的越轨行为，涉及多个参与者：实施者、受害者、旁观者。实施者作为不文明行为的始作俑者，根据实施者来源的差别分为主管不文明行为、同事不文明行为和顾客不文明行为三种（Sakurai & Jex，2012）。其中，主管、同事不文明行为发生在组织内部，顾客不文明行为发生在服务交互情境，是不文明行为由组织内部向外部拓展的表现（Sliter et al.，2010）。受害者是不文明行为中的被攻击方。不文明行为源自自身的感知，因而不同的个体可能对同一行为做出不同的判断，或对来自不同个体的行为做出不同判断（Montgomery et al.，2004）。

互联网的迅猛发展颠覆了众多企业的运作方式，但对于服务企业而言，一线服务员工作为顾客与企业联系的纽带依然扮演着不可替代的角色（Nasr et al.，2015）。在买方市场条件下，顾客—员工之间权力的不对称，使服务交互过程中员工难免受到顾客不文明的对待。加之受"顾客是上帝""顾客永远是对的"等信条的影响，许多组织明确或暗示员工即使在面对无礼顾客时也应提供文明服务，这在一定程度上加剧了顾客不文明行为发生的频率。Little 等（2013）指出，在与服务员工的交互过程中，为提交或解决问题，70%的顾客都以负向情绪结束与服务员工的交互。为此，著名服务营销期刊 *Journal of Services Marketing* 在2010年第6期以专刊的形式专门讨论了顾客行为的"阴暗面"。由于服务员工与顾客交互的时间远多于主管及同事，Totterdell 和 Holman（2003）的调查结果表明，服务员工遭受顾客不愉快的体验远多于同事，同时 Grandey 等（2007）的实证研究结果也表明，服务员工遭受顾客的言语欺凌远多于其主管及同事。由此可知，对于服务性企业而言，顾客也是职场不文明行为的一个重要来源。

鉴于此，当前关于职场不文明行为的研究多是围绕着主管、同事或顾客中的一个来源来探讨其作用机制，为全面了解职场不文明行为的作用机制，因而需要考虑不同来源的差异。基于此，本书将响应 Zhou 等（2019）的号召，将从主管、同事和顾客三个视角全面探讨职场不文明行为的作用机制。

1.2 研究问题的提出

由于主管在权力控制、资源分配及职务晋升等方面拥有更大的影响力，因而主管更倾向于产生不文明行为，所造成的危害也更大（Lim & Lee，2011）。Lim 和 Lee 的实证研究结果也表明，主管不文明行为显著高于来自同事、下属的不文明行为。国内学者的研究也发现，受传统"上尊下卑"文化的影响，来自主管对下属的嘲讽、辱骂、贬损等行为的普遍性显著高于西方（高日光，2014）。当前大多学者将主管阴暗面行为的研究聚焦于辱虐管理，而对主管不文明行为的关注则较少。主管不文明行为可以是一种断续的行为，同时主管不文明行为的伤害程度更低、意图更模糊，发生频率更高。因而不文明行为作为职场最微妙、最持久、最普遍的消极人际行为方式，辱虐管理等攻击行为往往是主管不文明行为累积升级的结果（Schilpzand et al.，2016）。因此，探讨主管不文明行为有助于从源头防止辱虐管理等伤害意图明显且强度较大的职场阴暗面行为的盛行。对个体而言，工作、生活满意与否最能体现其工作及生活状况，Lim 和 Lee（2011）认为工作、生活满意状况是代表员工工作和非工作状态的重要变量。因此，本书将探讨主管不文明行为对员工工作满意度及生活满意度的作用机制。

Long 和 Christian（2015）指出，职场阴暗面行为在影响员工反应过程中存在认知及情绪两条途径，同时这两条途径经常交织在一起对个体产生影响。情感事件理论认为，情绪在工作事件对员工态度和行为的影响过程中扮演着中介角色。基于此，研究者考察并证实了消极情绪在工作负向事件与下属行为之间的中介作用（Mayer & Thau，2012）。认知作为理性思考的过程，当个体遭遇外界压力时，会自动评估该压力对自身的影响，因而公平感知过程是一个重要的认知过程（Johnson et al.，2014）。因此，当感知他人的言行违背了社会公认的规范时，员工就会依据社会交换规则而产生不公平感，进而消极影响员工的身心健康（樊耘等，2014）。Matta 等（2014）虽然证实了情绪及公平在工作中的事件与员工反应之间起到中介作用，但并未对其中介效果进行比较，同时他们仅考察了员工的工作反应。因此，本书将基于情感事件理论和社会交换理论探讨消极情绪、感知交互公平在主管不文明行为与员工工作、生活之间的中介作用，并在此基础上考察情绪和认知这两种作用机制对员工工作及生活的影响差异，从而了解哪种视角更能解释主管不文明行为对下属工作、生活的影响效果。基于此，本书将探讨主管不文明行为通过情绪和认知两条途径对工作满意度和生活满意度的影响，并比较这两种机制的差异。

相对于主管而言，同事与员工的接触时间更长，这使相对于领导不文明行为，同事不文明行为更为普遍。基于此，本书将在探讨主管不文明行为的基础上，探讨同事不文明行为对员工的影响。由于员工的离职行为显著提高了企业的运营成本，这使员工的离职问题已成为制约企业发展的"瓶颈"。不文明行为虽然意图模糊，表现形式较为温和，但由于不文明行为的"污染效应"，导致整个组织处于不和谐的氛围之中。同时，对于组织来说，离职意愿作为员工离职行为的最佳预测变量，使关注员工的离职意愿比关注员工的离职率更具实际意义。因此，本书将研究同事不文明行为对员工离职意愿的影响机制。工作行为的情绪中心模型认为，当员工遭遇到不愉快的事件之后，会体验到消极情绪，进而就会产生损害组织目标的行为（Spector & Fox, 2002）。因此，情绪在工作事件向员工行为的转化过程中处于重要地位。同事不文明行为作为员工感知来自受到同事的不公平对待，由于员工所期望的行为与实际行为之间的不一致，导致员工会体验到多种令人不悦的消极情绪，消极情绪若得不到合理的疏导，可能会进一步影响员工的行为（王宇清，2012）。

情感事件理论认为，工作中的事件会诱发个体产生相应的情感反应，进而对个体的态度及行为产生影响。因此，本书以情感事件理论为基础，探讨员工消极情绪在同事不文明行为与员工离职意愿之间的中介作用。在面对同事不文明行为过程中，员工是否会表现出消极的情绪，取决于员工在面对同事不文明行为时所损耗的资源及通过各种渠道获得的资源能否维持平衡。在面对同事不文明行为的过程中，员工为维持资源的平衡，就可能向第三方求助。若获得了组织的支持，则减少了员工内在资源的耗损，此时员工的消极情绪应有所缓解。鉴于此，本书将基于情感事件理论探讨同事不文明行为通过消极情绪对员工离职倾向的作用机制，同时探讨组织支持感在其中的调节作用。

顾客不文明行为作为职场不文明行为的一个重要来源（Wilson & Holmvall，2013），与职场内部成员之间交互不同的是，顾客—员工之间交互的特点往往是偶然、单次的，这种匿名的交互过程提升了顾客不当对待员工的概率，同时这种交互的目的仅为提供顾客更为满意的产品或服务。这表明顾客不文明行为在很多方面有别于来自主管及同事的不文明行为。

社会认知理论认为，个体具有与自我调节机制相匹配的道德标准，但这种道德的自我调节功能可以被个体选择性地激活或停用（Bandura，1991）。组织情景的改变致使员工道德认知的自我调节机制发生变化，进而为其是否实施不文明行为提供合理化的解释（Bandura，1999）。个体在面对外部压力的过程中，道德的认知自我调节机制降低了个体自身的道德自制能力，削弱了道德规范对自身行为的约束，使其轻松违反道德标准，为随后的越轨行为提供合理化解释（Moore et al.，2012）。Bandura 等（1996）将这一现象称为道德推脱，并指出道德推脱是造成个体道德自我调节机制失效的关键。根据 Claybourn（2011）的观点，道德推脱通常发生在人际交往关系中，个体往往根据情景的变化而产生不同的道德自我调节机制，从而达到心理认知协调。因此，在面对不良行为过程中个体往往通过道德推脱为其服务破坏行为推卸责任，削弱自我谴责水平，进而消除其认知失调（Lee et al.，2016）。基于此，本书将基于社会认知视角的道德自我调节理论探讨道德推脱在职场不文明行为对员工不良行为影响机制中的中介效应。

由于个体如何定义自身的行为动机与自我定义相一致，因而在预测行为方面，自我概念中的道德因素强于道德推理中的认知因素（Kennedy et al.，2017）。道德认同作为由一系列道德特质构成的自我概念认知图式，是个体一种有效管理自身道德行为的特质，反映了个体对社会普遍道德标准的认可程度，体现了道德价值对个体的重要性（Moore et al.，2012）。道德认同作为在相关社会情境尤其是人际欺凌情境引导个体行为反应的基本自我调节机制（Aquino & Reed，2002）。Watts 和 Buckley（2017）指出，基于道德行为的自我调节机制，道德认同在理解员工道德行为过程中扮演着重要角色。个体对道德推脱冲动的敏感性各不相同，道德认同作为凸显个体差异的一个重要因素，可能会干预并决定道德推脱的强弱，进而对随后的行为产生影响（Lee et al.，2016）。高道德认同个体道德模式的信息处理是长期可用、容易启动且容易激活，因而高道德认同的个体对违背社会规范的行为反应更加强烈（Aquino et al.，2007）。Reynolds 和 Ceranic（2007）提出，道德认同往往调节着个体面对道德违背行为的反应。基于此，本书将基于社会认知理论探讨顾客不文明行为通过道德推脱影响员工服务破坏行为的机制，同时探讨道德认同在其中的调节作用。

综上所述，本书将在文献综述的基础上，分别从情感事件和社会交换比较、情感事件理论和社会认知理论三个视角探讨职场不文明行为不同来源的差异对员工行为的作用机制，为企业消除职场不文明行为提供理论依据。

1.3 研究意义

1.3.1 理论意义

本书将从认知和情感的比较、情感事件理论和资源保存理论以及道德的社会认知视角分别探讨主管不文明行为、同事不文明行为和顾客不文明行为的作用机制，具有较强的理论意义。

首先，本书将首次依据情感事件理论和社会交换理论，以员工工作及生活满意度为落脚点，通过员工—同事配对、追踪调查，分别从员工情绪及认知两个视角考察主管不文明行为的作用过程。具体来说，以消极情绪及感知交互公平分别作为员工情绪及认知机制的代表性变量，考察并比较其在主管不文明行为与工作满意度、生活满意度之间的中介作用。从理论角度来看，对此问题的探讨能更清晰地揭示主管不文明行为对员工工作及生活的作用机制以及每种作用机制的特定解释力，丰富职场不文明行为理论。

其次，不文明行为作为工作场所越轨行为中最隐秘、最普遍的一种行为，对员工的身体及心理均会产生不良的影响。工作行为的情绪中心模型认为，当员工遭遇到不愉快的事件之后，会体验到消极情绪，进而就会产生损害组织目标的行为。与此同时，资源保存理论认为个体具有努力获取、保留、保护和促进有价值资源的动机，并最大限度地减少资源损失的任何威胁，以达到资源的平衡。在面对同事不文明行为过程中，员工是否会表现出消极的情绪，取决于员工在面对同事不文明行为时所损耗的资源及通过各种渠道获得的资源能否维持平衡。在面对同事不文明行为的过程中，员工为维持资源的平衡，就可能向第三方求助。若获得了组织的支持，则减少了员工内在资源的耗损，此时员工的消极情绪应有所缓解。所以本书将依据情感事件理论和资源保存理论，探讨组织支持感在同事不文明行为通过消极情绪影响员工离职倾向过程中的调节作用，进而拓展有关工作场所不文明行为的研究。

最后，在买方市场条件下，交互过程的单次性、偶然性、匿名性及双方权力的不对称，以及受"顾客永远是对的"等信念的影响，使顾客也成为不文明行为的重要来源（Wilson & Holmvall, 2013）。因而，服务员工所体验的不文明行为主要来源于其主管及顾客。对于服务性企业而言，顾客是决定组织绩效的关键因素，同时破坏行为被认为是感知不文明行为后所产生的报复行为（Ambrose et al., 2002），因而本书用服务破坏行为研究员工的不良行为。社会认知理论认为，个体具有与自我调节机制相匹配的道德标准，但这种道德的自我调节功能可以被个体选择性地激活或停用（Bandura, 1991）。与此同时，道德认同作为在相关社会情境尤其是人际欺凌情境引导个体行为反应的基本自我调节机制（Aquino & Reed, 2002）。基于此，本书将从社会认知视角探讨顾客不文明行为影响服务员工不良行为的道德自我调节机制，并在此基础上检验员工道德认同在顾客不文明行为、道德推脱及服务员工破坏行为这一关系中的作用，进而将职场不文明行为的作用过程由组织内部拓展至组织外部。

1.3.2 实践意义

本书分别从主管、同事以及顾客三个视角探讨职场不文明行为的作用机制，相关研究结论将对企业的管理实践也具有一定的启示和参考，主要表现在以下几个方面。

第一，主管不文明行为对员工的工作及生活满意度均有显著影响，说明主管不文明行为对员工的工作及生活来说都是一个严峻的问题。由于"快乐的员工最高效",加之工作—家庭之间的相互渗透,意味着为提升员工的工作表现,改善员工的生活满意度,因而应让主管了解不文明行为对员工的危害,营造一个以礼待人的工作氛围,从而减少主管的不文明行为。

第二,关口前移、关注应聘者的不文明倾向。招聘作为人力资源管理的一个重要环节,合理的招聘能够减少员工的不文明行为。把好员工入口关,对应聘人员的背景进行调查,了解其在以往的工作和学习中是否存在不文明行为的经历,同时利用情景模拟、结构化或半结构化等手段甄选低不文明倾向和高道德水准的员工,从源头降低不文明行为的消极影响的产生。

第三,互帮互助,营造以礼待人的工作氛围。研究结果表明,同事不文明行为显著影响着员工的离职意愿,这使营造一个以礼待人的工作氛围就成为降低员工离职意愿的关键。如可以通过形成相互尊重的组织文化、建立惩罚不文明行为的规章制度、定期组织同事之间业余活动、鼓励同事之间相互帮助等形成以礼待人的工作氛围。

第四,关心员工,为其提供必要的工作支持。研究结果表明,组织支持感能够通过缓解消极情绪来降低员工的离职意愿。对员工而言,组织的支持包括工具性支持和情感性支持两种。因此,一方面组织应为员工提供必要的设备、技术上的支持,确保员工具有顺利完成工作的条件和环境;另一方面应关心员工,特别是在遭受同事不文明行为之后,应给予员工必要的关怀和安慰。

第五,组织应强化道德管理的重要性。企业需要在实际工作中警惕员工道德推脱心理,对员工实施道德教育,强化员工的道德意识,呼吁员工通过道德方式实现个人目标,从而有效规避道德推脱机制产生。

1.4 研究框架

鉴于职场不文明行为大多会产生消极后果,据此,本书将以认知和情感的比较、情感事件理论和资源保存理论以及道德的社会认知为理论基础,分别探讨主管不文明行为、同事不文明行为和顾客不文明行为的作用机制。本书将在明确选题背景、研究目的及研究意义的基础上,通过对相关文献的梳理，找出现有研究的不足，构建本书的理论模型，为本书的实证研究提供了理论框架。具体来说：(1) 以消极情绪及感知交互公平分别作为员工情绪及认知机制的代表性变量，考察并比较他们在主管不文明行为与工作满意度、生活满意度之间的中介作用；(2) 结合情感事件理论及资源保存理论，探讨同事不文明行为影响员工离职意愿的过程中，考察消极情绪的中介作用以及组织支持感的调节作用；(3) 基于社会认知视角探讨顾客不文明行为影响服务员工不良行为的道德自我调节机制，并在此基础上检验员工道德认同在职场不文明行为、道德推脱及服务员工破坏行为这一关系中的作用。本书进一步根据实证分析结果提出管理对策建议，并指出本书的不足及未来探讨的方向。本书的研究框架如图 1-1 所示。

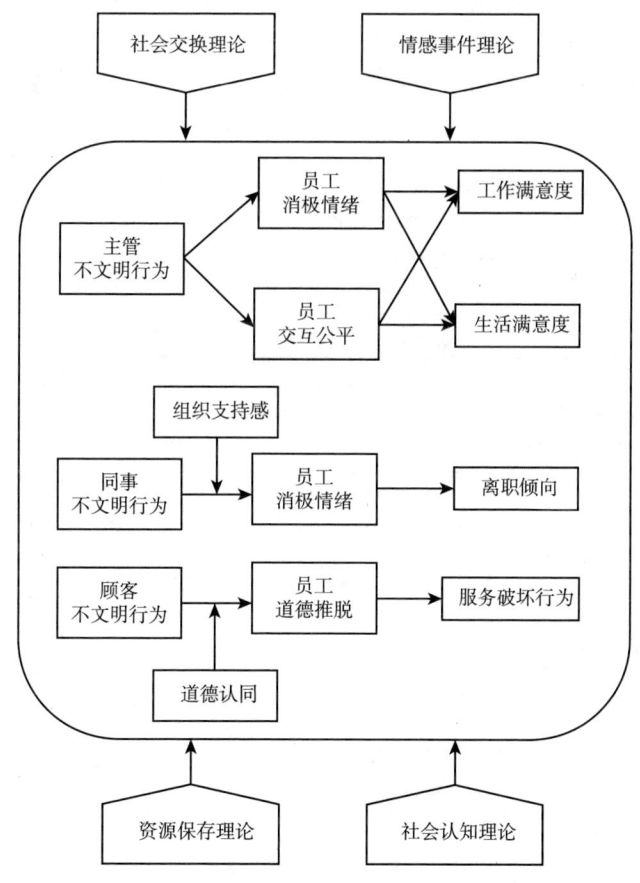

图 1-1 本书的研究框架

1.5 研究技术路线

基于本书的研究内容和研究框架，本书拟采用如图 1-2 所示的技术路线，并采用文献法、访谈法、问卷法等多种研究方法，以及 SPSS、Amos 和 Mplus 等统计分析软件进行研究。研究对象为组织中的主管、员工以及员工所服务的顾客。整个研究拟通过三个阶段来完成。第一阶段主要是理论综述与文献回顾，并提出基于不同来源的职场不文明行为作用机制模型，为整个研究奠定基础。第二阶段为实证研究，拟通过三个研究来检验本书的理论模型，分别是基于主管视角的职场不文明行为对员工工作和生活的作用机制；基于同事视角的职场不文明行为对员工离职倾向的作用机制；基于顾客视角的职场不文明行为对员工服务破坏行为的作用机制，这

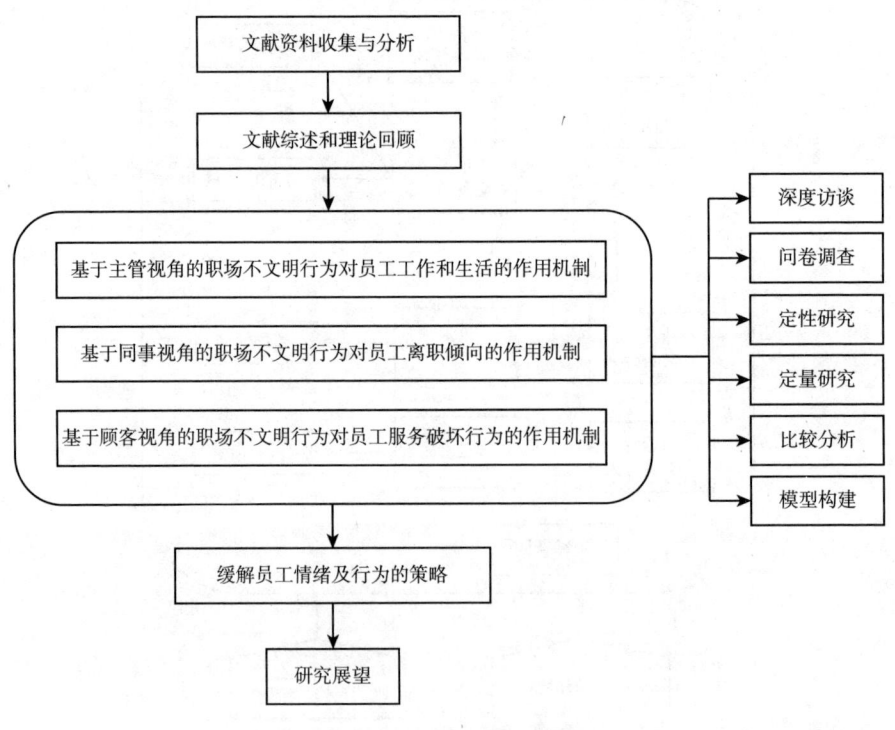

图 1-2　本书的技术路线

三个研究都是通过实证进行分析的。第三阶段为讨论部分，主要归纳总结本书的结果并提出相应的管理建议。

1.6 研究内容和研究创新

1.6.1 研究内容

根据对职场不文明行为的研究回顾，通过员工—同事、员工—顾客配对以及两阶段调查的方法收集数据，本书主要着眼于从职场不文明行为不同来源分别探讨主管、同事以及顾客的不文明行为对员工工作态度及行为的作用机制。因此，本书的主要内容如下：

（1）职场不文明行为对员工工作及生活的作用机制：基于主管视角。对同事及下属而言，由于主管在权力控制、资源分配及职务晋升等方面拥有更大的影响力，因而主管更倾向于产生不文明行为，所造成的危害也更大。职场不文明行为对员工的工作表现、身心健康产生显著的消极影响，但已有的研究主要研讨了职场不文明行为对员工工作结果的影响，而关于职场不文明行为与员工非工作因素的研究则较少。因此，本部分将依据情感事件理论和社会交换理论，以员工工作及生活满意度为落脚点，通过员工—同事配对、追踪调查，分别从员工情绪及认知两个视角考察主管不文明行为的作用过程。具体来说，以消极情绪及感知交互公平分别作为员工情绪及认知机制的代表性变量，考察并比较他们在主管不文明行为与工作满意度、生活满意度之间的中介作用。研究将帮助企业认识到主管不文明行为对员工工作及生活的影响路径，从而更具针对性地改善员工的工作及生活满意度。

（2）职场不文明行为对员工离职倾向的影响机制：基于同事视角。对主管而言，同事与员工的接触时间更长，这使相对于领导不文明行为，同事不文明行为更为普遍。工作行为的情绪中心模型认为，当员工遭遇到不愉快的事件之后，就会体验到消极情绪，进而就会产生损害组织目标的行为。因此，本书以情感事件理论为基础，探讨员工消极情绪在同事不文明行为与员工离职意愿之间的中介作用。依据资源保存理论，人们具有努力获取、保留、保护和促进有价值资源的动机,并最大限度地减少资源损失的任何威胁,以达到资源的平衡。若获得了组织的支持,则减少了员工内在资源的耗损,此时员工的消极情绪应有所缓解。所以本书依据资源保存理论,探讨组织支持感在同事不文明行为与员工消极情绪之间的调节作用。鉴于此,本部分将结合情感事件理论及资源保存理论,探讨同事不文明行为影响员工离职意愿的过程中,考察消极情绪的中介作用以及组织支持感的调节作用,以期为相关组织应对及消除同事不文明行为对员工的影响提供建议。

(3)职场不文明行为对服务破坏行为的作用机制:基于顾客视角。在买方市场条件下,交互过程的单次性、偶然性、匿名性及双方权力的不对称,以及受"顾客永远是对的"等信念的影响,使顾客也成为不文明行为的重要来源(Wilson & Holmvall, 2013)。因而,服务员工所体验的不文明行为主要来源于其主管及顾客。对服务性企业而言,顾客是决定组织绩效的关键要素,同时破坏行为被认为是感知不文明行为后所产生的报复行为(Ambrose et al., 2002)。社会认知理论认为,个体具有与自我调节机制相匹配的道德标准,但这种道德的自我调节功能可以被个体选择性地激活或停用(Bandura, 1991)。个体在面对外部压力的过程中,道德的自我认知调节机制降低了个体自身的道德自制能力,削弱了道德规范对自身行为的约束,使其轻松违反道德标准,为随后的越轨行为提供合理化解释(Moore et al., 2012)。道德认同作为个体如何认识自己的道德特质,反映了个体对道德品质的认可程度,是员工道德动机及道德行为的关键来源(Reed & Aquino, 2003)。道德认同作为在相关社会情境尤其是人际欺凌情境引导个体行为反应的基本自我调节机制(Aquino & Reed, 2002)。鉴于此,本部分将基于社会认知视角探讨顾客不文明行为影响服务员工不良行为的道德自我调节机制,并在此基础上检验员工道德认同在顾客不文明行为、道德推脱及服务员工破坏行为这一关系中的作用。

1.6.2 研究的创新点

本书的创新之处主要体现在以下几个方面:

首先,本书首次比较并证实不同作用机制在主管不文明行为对工作及生活影响效果中的相对解释力。由于主管不文明行为对个体的影响机制不仅依赖员工由此产生的情绪效应，还依赖于员工对交换的认知评价，但研究者并未探讨这两种机制在员工工作及生活中的差异。情绪作为个体对特定刺激物所产生的情感反应，其强调的是员工对该事件的体验。交互公平作为员工在与主管交互过程在中是否受到公平对待的感知，其强调的是员工与主管互惠交换的认知过程。工作满意度作为员工感知实际所得与期望所得的差距，主管是影响这一差距的重要因素，工作作为一个按照既定的职场规范而进行交换的认知过程，必然与生活存在一定的差异。因而，无论是情感机制还是认知机制，主管不文明行为对员工工作及生活满意度均存在差异。

其次，以往关于不文明行为作用机制的研究没有将主管和同事区分开来，对主管而言，虽然同事不具有正式权力，但具有一定的非正式权力及影响力，同事对员工的影响也不容忽视。因此，本书利用追踪数据考察了同事不文明行为对员工离职意愿的影响，以及员工消极情绪在其中的中介作用。

再次，探讨组织支持感在同事不文明行为对员工消极情绪影响过程中的缓解作用。已有关于不文明行为与受害者态度、行为调节作用的研究中，大多数基于受害者的人格特质来进行。依据资源保存理论，同事不文明行为在影响员工的过程中，必然会消耗员工的资源。若外在环境不能提供额外的资源，员工必然会减少内在资源的付出。因此，本书探讨了组织支持感在同事不文明行为对员工消极情绪影响过程中的调节作用。

最后，从认知视角探讨了顾客不文明行为对服务破坏行为的作用机制，有助于揭开顾客不文明行为螺旋升级的"黑箱"。长期以来，学者们主要探讨了顾客不文明行为的情感后果，而对其认知后果却没有予以足够的重视。顾客不文明行为之所以对服务破坏行为产生影响，肯定是因为它影响了员工的相关心理状态和反应，进而才会对服务破坏行为产生影响。鉴于此，本书基于社会认知理论提出了顾客不文明行为影响服务破坏行为的中介变量：道德推脱。顾客的不文明行为势必对员工的道德认知状态产生影响，员工就有可能采取包括服务破坏行为的方式来应对职场不文明行为。此时员工通过认知重建将服务破坏行为"合理化"，即通过启动道德推脱机制来合理化其服务破坏行为。本书将通过探讨道德推脱在顾客不文明行为与服务破坏行为间的中介效应，进一步拓展了道德认知视角的职场不文明行为作用机制研究，有助于从不同理论视角来理解职场不文明行为的作用机制。

2 相关研究回顾及评述

2.1 职场不文明行为

职场不文明行为（workplace incivility）指违背职场相互尊重的人际规范、伤害意图模糊、低强度的越轨行为（Andersson & Pearson, 1999）。其表现形式包括无视他人的问候、贬损性地评价他人、打断他人的言论等（Pearson & Porath, 2009）。职场不文明行为对三方参与者及组织均产生影响，由此职场不文明行为引发了管理理论界和实践界较多的关注。

自 Andersson 和 Pearson（1999）第一次系统地论述以来，职场不文明行为研究经过了十几年的发展，累积了逾百篇相关论文。在不同文化情境下的研究显示，不文明行为在世界范围内普遍存在（Yeung & Griffin, 2008; Porath & Pearson, 2013）。与此同时，国内学者也对不文明行为进行了一定的探讨。纵然不文明行为的研究呈现欣欣向荣的景象，但这些研究是支离破碎的，缺乏强理论基础的指导，这在一定程度上阻碍了不文明行为研究的进展（Schiplzand et al., 2016），由此，为了更清晰地把握不文明行为研究的理论方向，本书突破基于变量层面研究的桎梏，立足不文明行为三个参与方的视角，全面梳理不文明行为研究的理论基础、逻辑脉络等。首先，介绍职场不文明行为的概念和类型；其次，介绍职场不文明行为的测量；再次，系统分析基于个人特征、组织特征、组织公平、"社会化"、情感事件、资源损耗、周边影响七个理论视角和实施者、受害者和旁观者三个参与者视角对已有研究进行阐述；最后，探讨该领域研究未来的趋势，旨在更加全面地确定不文明行为研究的理论基础和研究方向。

2.1.1 职场不文明行为的概念和类型

职场不文明行为指违背职场相互尊重的人际规范、伤害意图模糊、低强度的越轨行为（Andersson & Pearson，1999）。概念的三个界定标准构成了不文明行为的特征：强度低、伤害意图模糊和违背相互尊重的人际规范。也有学者认为，既不能被组织正式地制裁，也不包含法律途径的解决方案是不文明行为的特征（Lim et al.，2008）。

职场不文明行为作为一种人际指向的越轨行为，涉及多个参与者：实施者、受害者、旁观者。实施者是不文明行为的始作俑者，根据实施者来源的差别分为主管不文明行为、同事不文明行为和顾客不文明行为三种（Sakurai & Jex，2012）。其中，主管、同事不文明行为发生在组织内部，顾客不文明行为发生在服务交互情境，是不文明行为由组织内部向外部拓展的表现（Sliter et al.，2010）。受害者是不文明行为中的被攻击方。不文明行为源自自身的感知，因而不同的个体可能对同一行为做出不同的判断，或对来自不同个体的行为做出不同判断（Montgomery et al.，2004）。

当前大多数的研究均假定职场不文明行为是一个孤立事件，仅对该行为的交互双方产生影响，而忽视了同一生态系统中的旁观者（Rosen et al.，2016）。从社会认知视角来看，人类活动是由个体行为、个体认知及其他个体特征、个体所处的外部环境这三种因素交互决定的，个体会根据社会环境所提供的信息采取合适的行为（Bandura，1986）。旁观者作为能察觉和感知到他人之间不文明交互的第三方力量，虽然并不直接参与不文明交互，但会对不文明交互进行判断和思考，且其态度和行为会影响实施者和受害者，加剧或阻碍不文明行为的发生（Reich & Hershcovis，2015）。

2.1.2 职场不文明行为的测量

2.1.2.1 问卷测量

（1）以受害者视角开发的量表。

WIS（workplace incivility scale）从受害者感知的视角开发，包含7个

题项（Cortina et al., 2001），考察被试过去 5 年内遭遇的不文明交互，是最广为使用不文明行为测量工具。后续的研究中对 WIS 进行了多种改编（测量视角、回顾时间、题项增减等），用于考察主管不文明行为、同事不文明行为以及顾客不文明行为。

Martin 和 Hine（2005）对 WIS 量表的单维结构提出质疑，他们从受害者视角开发了四维（敌意、隐私侵犯、排斥行为、负面八卦）17 题项的职场不文明行为量表。

Walker 等（2014）针对以往研究中将不文明行为视为累积现象的情况，从受害者的视角利用关键事件技术开发了基于单次事件的顾客不文明行为量表。该量表以服务员工为被试进行开发，有助于考察员工对顾客不文明行为的及时反应。

（2）从实施者视角开发的量表。

Blau 和 Andersson（2005）以 WIS 为基础从实施者角度开发了 7 题项的 IWIS（instigated workplace incivility scale）测量工具，考察被试过去一年内实施的不文明行为，并验证了 IWIS 与 WIS 以及人际越轨行为之间的区分效度。

2.1.2.2 实验法测量

实验法利用情景模拟从受害者和旁观者的视角测量职场不文明行为。

Porath 和 Erez（2007）以大学生为被试，以在实验室问卷填制任务情景中被试目睹主试对迟到的被试粗鲁/温和的言论、被试在询问实验地点过程中受到的粗鲁/温和对待、被试回忆被粗鲁对待的工作事件三种情景，从旁观者和受害者的角度分别考察权威人物的不文明行为、承受的不文明行为、假想的不文明行为对任务绩效和助人行为的影响。

Porath 等（2010）模拟银行服务交互情景，从旁观者的角度考察顾客对服务员工之间文明/不文明的言语交流的反应及观看文明/不文明服务交互录像的反应。

Reich 和 Hershcovis（2015）以大学生和教职工为被试，通过小组头脑风暴任务中被试作为旁观者对其他小组成员侮辱性评论/温和性评价后的情绪反应，对其他小组成员的任务评价、工作分配，旨在考察目睹不文明行为与旁观者对受害者、实施者的情绪回应、评价和工作分配的关系。

这两种方法的区别在于，问卷法测量的重点是被试自我报告不文明行为发生的频率，是当前测量职场不文明行为最常用的方法；实验法测量的重点是模拟实际的人际交互情景，考察被试对不文明行为的反应。问卷法较为简便易行，实验法有助于考察被试态度知觉外的实际行动，但实验操纵中外生因素更难控制，当前的实验测量主要以大学生为样本，可能对信度和效度造成一定干扰。

2.1.3 基于不同理论视角的职场不文明行为研究

2.1.3.1 个体特征视角

个体特征视角立足于不文明行为中参与方的特点，考察哪些个体特征导致个体更容易实施和遭受不文明行为。已有研究从人格特质、个体认知和动机等方面进行了考察。

（1）个体特质与不文明行为。

基于个体特质的不文明行为研究认为，个体特质会影响个体对待他人及他人对待自己的方式。从受害者的角度看，高宜人性、外倾向和精神力个体能妥善地处理好与他人的关系，因而较少遭受不文明行为，而高神经质的个体，在工作交互中更容易激怒他人，因而更多地遭受不文明行为（Naimon et al., 2013；Milam et al., 2009）。从实施者的角度来看，缺乏互惠信仰、具有愤怒特质和适应能力差的个体更容易实施不文明行为（Meier & Semmer, 2013）。人格特质还会影响个体遭受不文明行为后的行为选择。高神经质、低宜人性和尽责性的个体面对压力时更易产生负面想法，因而在遭受不文明行为后更容易进行攻击应对（Taylor & Kluemper, 2012）。

（2）个体认知与不文明行为。

受害者对不文明行为认知的差异会导致其情绪和行为反应的差异。如个体感知自己很难对遭受的不文明行为进行心理调整就会产生恐惧/焦虑的情绪，个体对不文明行为的评价和情绪反应在不文明行为特征与工作态度和行为中起中介作用（Bunk & Magley, 2013）。

实施者对不文明行为的认知会影响其不文明行为实施及频率，主管不文明行为可能是主管为确保下属服从和顺从而选用的管理工具，也可能是有敌意的轻微越轨行为（Estes & Wang，2008）。

根据情绪的认知评价理论，旁观者感知到同事不文明行为发生后，会先评估该事件对自己的影响，进而决定如何应对。Miner 和 Eischeid（2012）指出旁观者面对同事不文明行为首先思考自己与受害者的相似性，然后进行应对，旁观者对与自己同性别受害者的不文明经历会产生更多的消极情绪。此外，顾客作为组织外部的旁观者在目睹员工之间的不文明行为之后，会认为自己的服务经历被破坏，进而报复员工和企业（Porath et al.，2011）。

（3）个体动机与不文明行为。

已有研究考察了从受害者、实施者和旁观者视角考察动机与归因对不文明行为的影响。

不文明行为会对受害者动机产生影响。不文明行为会减少受害者自我提升的动机（工作投入），进而降低员工绩效（Chen et al.，2013）。不文明行为受害者在不文明的交互中情绪耗竭水平提升，创新的内在动机会被逐渐瓦解，进而更加缺乏创造力（Hur et al.，2016）。不文明行为受害者的归因倾向会影响他们对不文明行为的判断和回应。Ali 等（2016）指出，当个体对遭受的不文明行为归因为个人能力时，其自我效能感和行为会受影响。个体的内在归因中介于不文明行为与认知反刍、压力、心理退缩行为的关系（Schilpzand et al.，2016）。受害者对不同类型不文明行为的归因有差别，Caza 和 Cortina（2007）的研究指出，个体更容易对自上而下的不文明行为进行外部归因，对与自己同等地位人员实施的不文明行为进行内部归因，并引发个体在遭受这两种不文明行为后公平感的差异。高个人成就动机的个体在工作中更多地关注个人目标的实现，在个人目标受阻时会有更高水平的挫败感和攻击行为倾向，因而更可能实施不文明行为（Liu et al.，2009）。旁观者对实施者动机的认识会触发对不文明行为的回应。当旁观者发现针对女性不文明行为的实施者是性别歧视分子（恶的动机）时，他们更倾向于干预（Chui & Dietz，2014）。

（4）对个体特征视角研究的评述。

根据以上论述，个体特质、认知和动机均能影响受害者、实施者和旁观者对不文明行为的反应。然而这些因素的作用并不独立，它们可能相互影响和共同作用。Battie 和 Griffin（2014）发现不同受害者对不文明行为有不同的反应，而且同一受害者在不同不文明遭遇中的反应也不尽相同，受害者对不文明事件严重性的感知对其不文明行为反应具有预测作用，个体相对稳定的个性特征影响个体对不文明行为的认知和反应，个体的神经质特征不仅直接影响其对不文明行为的归因，神经质调节受害者对事件严重性感知与不文明行为反应之间的关系，高神经质的个体面对严重的不文明行为遭遇时更容易忽视/逃避实施者。未来的研究需要结合情景因素全面和深入探讨个人特征因素、动机、认知与不文明行为的作用机制。

2.1.3.2 组织特征视角

（1）组织氛围与不文明行为。

职场不文明行为的一个典型特征是违背组织规范，由此组织氛围因素（如组织规范、管理哲学、组织文化等）会对职场不文明行为产生影响（Cortina，2008）。具体而言，管理哲学会潜移默化地抑制或诱发不文明行为，组织管理哲学和组织文化传达了组织重视什么、哪些行为是被接受的等信息（Estes & Wang，2008）。Pearson，Andersson 和 Porath（2000）提出，组织规范不明确的组织更易发生不文明行为，工作小组文明氛围会抑制不文明行为发生。不文明能够构成组织氛围因素，成为工作小组的共享压力源，调节个体不文明行为与留任意愿之间的关系。组织中团结氛围对不文明行为和越轨行为均产生影响（Itzkovich & Heilbrunn，2016）。

（2）领导风格与不文明行为。

领导风格构成了不文明行为在组织内传播和回旋升级的环境因素。积极的领导风格会阻碍不文明行为，消极的领导风格会推动不文明行为的发生。Harold 和 Holtz（2015）基于社会互动视角的研究发现消极领导风格下，不文明行为更频发，并且个体不文明行为承受中介消极领导风格与个体不文明行为实施的关系，消极领导风格越强，个体不文明行为承受与不文明行为实施正向关联也越强。Taylor 和 Pattie（2014）证实了伦理型领导与员工职场不文明行为实施负相关，员工的尽责性和核心自我评价越高，这一负相关关系越弱。Laschinger 等（2014）的研究结论显示和谐领导（resonant leadership）通过工作场所授权间接作用于同事不文明行为。

（3）组织干预、组织变革与不文明行为。

组织虽然并不会对不文明行为实施正式程序的惩罚，但可以通过培训或者干预对不文明行为产生影响。研究发现组织文明干预项目能够显著减少主管不文明行为（Leiter et al.，2011）。组织变革以及相关结构性事件也会对不文明行为产生影响。特别是一些易引发员工工作不安全感的因素（如裁员、组织变革、组织流程变化等）会引发组织内不文明行为的发生（Andersson & Pearson，1999）。

（4）对组织特征视角的评述。

组织特征视角的不文明行为研究考察了组织氛围、领导因素和组织变革等对不文明行为的影响，但这些研究较为零散，未能考虑个人特征与组织特征、环境的匹配。近来的研究发现个人—组织匹配、个人—工作小组匹配直接和通过组织挫败感驱动个体的负向工作行为（Harold et al.，2016）。因而后续研究应该更全面地考虑组织特征与个人因素、情景因素等的相互影响，结合个人—组织，个人—工作小组匹配等进行考察。

2.1.3.3 组织公平的视角

组织公平理论认为，组织公平是员工行为、态度和心理状态等的前因。不文明行为与程序公平、分配公平和人际公平有一些相同特征，如尊重、敏感、关心、遵守规范等（Petrucci，2013）。低组织公平感容易诱发组织中的阴暗面行为。Blau 和 Andersson（2005）基于不文明行为实施者视角的研究发现，程序公平和分配公平能诱发不文明行为的实施。Rupp 和 Cropanzano（2002）指出，员工在职场的不公平感能预测其针对不公平来源的行为，由此职场不文明行为可能是员工在不公平情景中储存和恢复公正感的报复行为。

对于受害者而言，不文明行为是职场消极的人际交互和压力源，会引发不公平感。Caza 和 Cortina（2007）的研究发现自上而下的不文明行为和同地位个体实施的不文明行为均能消极影响受害者公平感。Lim 和 Lee（2011）的研究证实了同事不文明行为的发生引发员工的沮丧情绪，降低对同事的满意度，并诱发员工不公平感，来自家庭领域的支持对这些作用有缓冲作用。组织层面的不文明行为通过破坏人际公平氛围进一步瓦解员工的留任意向。

道义公平理论常被用于旁观者视角的研究。根据该理论不文明行为旁观者会对自己感知到但未参与的不公正行为作出消极的情绪回应，甚至会有不同的反应，而且同一受害者在不同不文明遭遇中的反应也不尽相同，受害者对不文明事件严重性的感知对其不文明行为反应具有预测作用，个体相对稳定的个性特征影响个体对不文明行为的认知和反应，个体的神经质特征不仅直接影响其对不文明行为的归因，神经质调节受害者对事件严重性感知与不文明行为反应之间的关系，高神经质的个体面对严重的不文明行为遭遇时更容易忽视/逃避实施者。未来的研究需要结合情景因素全面和深入探讨个人特征因素、动机、认知与不文明行为的作用机制。

2.1.3.2 组织特征视角

（1）组织氛围与不文明行为。

职场不文明行为的一个典型特征是违背组织规范，由此组织氛围因素（如组织规范、管理哲学、组织文化等）会对职场不文明行为产生影响（Cortina，2008）。具体而言，管理哲学会潜移默化地抑制或诱发不文明行为，组织管理哲学和组织文化传达了组织重视什么、哪些行为是被接受的等信息（Estes & Wang，2008）。Pearson，Andersson 和 Porath（2000）提出，组织规范不明确的组织更易发生不文明行为，工作小组文明氛围会抑制不文明行为发生。不文明能够构成组织氛围因素，成为工作小组的共享压力源，调节个体不文明行为与留任意愿之间的关系。组织中团结氛围对不文明行为和越轨行为均产生影响（Itzkovich & Heilbrunn，2016）。

（2）领导风格与不文明行为。

领导风格构成了不文明行为在组织内传播和回旋升级的环境因素。积极的领导风格会阻碍不文明行为，消极的领导风格会推动不文明行为的发生。Harold 和 Holtz（2015）基于社会互动视角的研究发现消极领导风格下，不文明行为更频发，并且个体不文明行为承受中介消极领导风格与个体不文明行为实施的关系，消极领导风格越强，个体不文明行为承受与不文明行为实施正向关联也越强。Taylor 和 Pattie（2014）证实了伦理型领导与员工职场不文明行为实施负相关，员工的尽责性和核心自我评价越高，这一负相关关系越弱。Laschinger 等（2014）的研究结论显示和谐领导（resonant leadership）通过工作场所授权间接作用于同事不文明行为。

（3）组织干预、组织变革与不文明行为。

组织虽然并不会对不文明行为实施正式程序的惩罚，但可以通过培训或者干预对不文明行为产生影响。研究发现组织文明干预项目能够显著减少主管不文明行为（Leiter et al., 2011）。组织变革以及相关结构性事件也会对不文明行为产生影响。特别是一些易引发员工工作不安全感的因素（如裁员、组织变革、组织流程变化等）会引发组织内不文明行为的发生（Andersson & Pearson, 1999）。

（4）对组织特征视角的评述。

组织特征视角的不文明行为研究考察了组织氛围、领导因素和组织变革等对不文明行为的影响，但这些研究较为零散，未能考虑个人特征与组织特征、环境的匹配。近来的研究发现个人—组织匹配、个人—工作小组匹配直接和通过组织挫败感驱动个体的负向工作行为（Harold et al., 2016）。因而后续研究应该更全面地考虑组织特征与个人因素、情景因素等的相互影响，结合个人—组织，个人—工作小组匹配等进行考察。

2.1.3.3 组织公平的视角

组织公平理论认为，组织公平是员工行为、态度和心理状态等的前因。不文明行为与程序公平、分配公平和人际公平有一些相同特征，如尊重、敏感、关心、遵守规范等（Petrucci, 2013）。低组织公平感容易诱发组织中的阴暗面行为。Blau 和 Andersson（2005）基于不文明行为实施者视角的研究发现，程序公平和分配公平能诱发不文明行为的实施。Rupp 和 Cropanzano（2002）指出，员工在职场的不公平感能预测其针对不公平来源的行为，由此职场不文明行为可能是员工在不公平情景中储存和恢复公正感的报复行为。

对于受害者而言，不文明行为是职场消极的人际交互和压力源，会引发不公平感。Caza 和 Cortina（2007）的研究发现自上而下的不文明行为和同地位个体实施的不文明行为均能消极影响受害者公平感。Lim 和 Lee（2011）的研究证实了同事不文明行为的发生引发员工的沮丧情绪，降低对同事的满意度，并诱发员工不公平感，来自家庭领域的支持对这些作用有缓冲作用。组织层面的不文明行为通过破坏人际公平氛围进一步瓦解员工的留任意向。

道义公平理论常被用于旁观者视角的研究。根据该理论不文明行为旁观者会对自己感知到但未参与的不公正行为作出消极的情绪回应，甚至会对不公平行为实施者进行惩罚，即使这种惩罚存在个人成本。Reich 和 Hershcovis（2015）的研究发现，在不同的不文明行为实验操纵情境下，旁观者都会对通过给予消极评价，进行更差的任务分配等方式惩罚不文明行为实施者。此外，察觉到服务员工与其他顾客不文明交互顾客的道义公正感会不断增强，进而体验到愤怒情绪并伺机报复实施者和组织（Porath et al.，2011）。

基于组织公平理论的研究考察了分配公平、程序公平和人际公平与不文明行为之间的相互作用，公平感不仅是不文明行为的诱发因素也是对不文明行为的认知后果。然而 Lind，Kray 和 Thompson（2011）认为个体对于公平与否的判断在时间上有持续性，前期的公平判断对之后的公平体验和判断会形成阻碍，而且个体往往难以改变之前的公平认知和判断。而基于组织公平理论的研究中却很少考虑时间因素，考察前后期公平感知的一致性对个体工作行为和反应的影响。如公平感知矛盾可能引发个体认知失调，这种认知障碍可能进一步诱发员工的资源损耗、消极情绪和阴暗面行为等。

2.1.3.4 "社会化"视角

"社会化"视角立足于人际交互的社会化过程，从不同的方面考察职场不文明行为的作用。

（1）社会交换理论与不文明行为。

从本质上看，职场不文明行为是一种人际交互，那么实施者、受害者和旁观者之间的社会交换关系及关系质量能否预测不文明行为的发生，不文明行为能否影响不文明行为实施者、受害者和旁观者之间以及他们与组织之间的交换关系？社会交换理论对此作出了解答。

Andersson 和 Pearson（1999）根据社会交换理论提出不文明行为的回旋升级效应，即不文明行为在多次的社会交换中实现范围和强度上的扩大，社会交换关系和不文明行为相互推动。一方面，社会交换关系对不文明行为产生影响。在工作场所人际交互中，当社会交换关系遭到破坏，偏差性的行为就容易产生（Robinson et al.，2014）。Sayers 等（2011）的研究指出，心理契约是个体与组织之间最基本的社会交换关系，心理契约违背反映了个人与组织之间社会关系的损坏，员工心理契约违背能够对不文明行为实施产生显著作用。良好的社会交换关系有助于抑制不文明行为，Itzkovich 和 Heilbrunn（2016）指出，组织内同事之间的团结表明成员之间强烈的合作意愿和互惠交换意向，有助于减少不文明行为和其他偏差行为的发生。另一方面，不文明行为会损坏社会交换关系。已有研究发现，不文明行为受害者会对实施者实行报复、进行逃避，出现缺席、迟到、退却和离职等行为（Schilpzand et al.，2016；Harold & Holtz，2015；Sliter et al.，2012），甚至不信任和报复组织（Porath et al.，2011）。这些都会损害工作场所的社会交换关系。

基于社会交换理论的不文明行为研究主要考察的是不文明行为与社会交换关系之间的相互作用，但这一类研究中却较少考察个体特征对社会交换的影响，如个体控制点和归因等，外控制点个体倾向于消极被动地应对工作中的压力和负向事件，对不文明行为的感知更为敏感，建立良好职场社会交换关系的动机也更微弱（Naimon et al.，2013）。此外，这一类研究往往仅从员工个体的角度考虑不文明行为交互中社会交换关系的变化和影响，然而在团队情境下，团队集体社会交换可能产生影响（Gong et al.，2010），但现有研究却很少涉及。

（2）社会影响理论与不文明行为。

社会影响理论关注不文明行为在组织中的扩散，可以基于社会学习理论和社会信息处理理论进行解释。

社会学习理论认为，人们会自觉或不自觉地观察并模仿他人的行为，以往的研究也发现，不文明行为是一种可习得的行为（Lim et al.，2008）。领导和员工都可能成为职场角色模范，向员工传递出组织内可接受行为的范畴（Lee & Jesen，2014）。基于社会学习理论的研究多从受害者和旁观者的角度进行的。旁观者目睹或者察觉到职场不文明行为之后，其自身的行为往往会受到影响（Robinson et al.，2014）。一方面不文明行为作为低强度的人际越轨行为，在组织中并不被明令禁止，也不存在固有的惩罚程序，因而旁观者可能会认为不文明行为是组织内可被接受的行为而进行模仿，这也是不文明行为在广度上回旋升级的表现。

社会信息处理理论从受害者和旁观者的角度考察不文明行为提供的环境性信息，如果职场中主管不文明和同事不文明行为频发，员工可能认为不文明行为在组织内是可被接受的。Schilpzand 等（2016）的研究中发现，不文明行为受害者从其他个体是否遭受不文明行为的社会环境中提取信息，当感知不文明行为为组织成员所共享并非仅针对自己时，不文明行为受害者通过自责对认知反刍、压力和退却行为的影响更弱。

社会学习理论和社会信息处理理论致力于考察不文明行为在组织内的蔓延过程，但相关研究并未考察个体与所学习和模仿对象关系对学习过程潜在的影响，如个体对其他个体的认同，个体工作小组认同和个体组织认同等，组织认同感高的个体会站在组织的立场思考问题，更不易学习和模仿一些对组织有害的行为（Dutton et al.，1994），而对领导者的认同可能导致个体将领导者作为自己行为的参照，模仿和学习领导者的行为（周如意等，2016）。Zhan 等（2019）利用社会认同理论，通过对 306 组上下级配对问卷发现，职场不文明行为通过影响与员工内部人身份感知进而降低员工创造力，与此同时，观察到的不文明行为调节着这一影响机制。

（3）社会角色理论与不文明行为。

社会角色理论认为性别的差异往往形成个体社会角色的差别，社会角色期望作为规范性行为准则也能造成不同性别个体行为上的差别（Eagly et al.，2000）。已有研究显示，男性比女性更容易成为不文明行为的实施者，女性更易成为不文明行为中的受害者（Sliter et al.，2012；Reio & Ghosh，2009），也有少数研究中发现男性承受的不文明行为多于女性（Lim & Lee，2011），但无可厚非的是，不同性别的受害者承受不文明行为的频率存在差别。Cortina（2008）提出不文明行为的选择性歧视观点，认为作为弱势群体，女性和少数民族人员更易遭受不文明行为。在对不文明行为的认知上，由于女性通常比男性更为敏感，她们感知的不文明行为也更为频繁。

与此同时，旁观者对不文明行为的认知和反应也受到不文明交互双方社会角色的影响。Miner 和 Cortina（2016）发现，目睹女性被不文明对待直接和通过降低旁观者人际公平感间接作用于旁观者职业幸福感，且旁观者性别调节这一中介作用，对于男性旁观者而言，这一中介作用更强。Miner 和 Eischeid 发现旁观者对与自己同性别个体遭受的不文明行为更加感同身受，会体验到更多的消极情绪，特别是男性旁观者目睹男性同事的不文明行为遭遇，会萌生更多的愤怒、恐惧和焦虑感。

社会角色理论强调的是基于性别角色的刻板印象在不文明行为中的影响。考察不同的性别角色对不文明行为认知、情绪和行为反应的影响，但相关的研究较多地关注不文明行为受害者和旁观者性别的作用,关于实施者性别角色对不文明行为影响的研究较为少见。

(4) 社会支持理论与不文明行为。

社会支持理论关注的是来自组织、领导、同事、家庭等的支持对不文明行为的缓冲效应。社会支持一方面向员工传达了组织、领导、同事等重视自己的价值、关心自己状况的信息;另一方面表明社会支持为员工补充了资源,也表明不文明行为只是少数人的行为。虽然组织很难完全根除不文明行为及其负面影响,但组织提供的社会支持为员工提供了控诉机会和应对资源,有助于消除不文明行为影响(Sguera et al., 2016)。Han 等(2016)发现组织支持和主管支持能够缓解顾客不文明行为引发的工作倦怠。然而社会支持并不总是缓冲消极影响,由于家庭成员通常是个体压力源,且不能改变工作场所情景,家庭成员的支持会产生反作用,高家庭支持会加剧主管不文明行为与工作—家庭冲突,同事不文明行为与公平感和沮丧之间正向关联(Lim & Lee, 2011)。Sear 和 Humiston(2015)也发现高组织支持感的员工在心理契约违背之后更易产生愤怒和背叛的感觉,更难进行意义构建,高组织支持感会加强心理契约违背与不文明行为的正相关联。

由于社会支持能够为个体补充资源,有益于个体有效应对不文明行为,减轻不文明行为的负面作用,而基于压力源和意义构建的研究却发现社会支持可能会加剧不文明行为产生的负面影响。这些矛盾性的结果有待后续的研究深入探讨。

2.1.3.5 情感事件理论视角

情感事件理论认为,职场不文明行为经历作为一种消极的工作事件,一方面能够直接引发员工的情绪反应;另一方面会通过员工情绪的变化间接驱动员工情绪回应,相关研究主要以受害者和旁观者为中心(Reich & Hershcovis, 2015; Bunk & Magley, 2013)。早期的相关研究对情绪进行笼统的归类,后期研究开始考察不文明行为引发的具体情绪。例如,Sakurai 和 Jex(2012)考察同事不文明行为对受害者消极情绪水平和反生产行为的影响。Porath 和 Pearson(2012)则将不文明行为引发的消极情绪细化为愤怒、恐惧、悲伤来考察其对员工旷工、离职的影响。情感事件理论同样作用于不文明行为旁观者。Reich 和 Hershcovis（2015）认为职场不文明行为可能侵蚀旁观者对组织管理专业化和同事关系的认知，产生对自己和他人遭遇的不确定感，其研究显示，观察者对实施者的消极情绪和态度在不文明行为与其对实施者的工作评价关系中有中介作用。

情感事件视角关注不文明行为中个体情感和态度的变化及由此产生的影响，有助于我们从情感的角度深入认识和探讨不文明行为，但相关研究中淡化甚至是忽略了个体认知评价对情感的影响，然而不文明行为伤害意图模糊的特点为个体对其认知和评价提供了充分的空间和可能，而且个体的认知和评价能够直接作用于其情绪体验，认知和评价的动态变化可能导致情绪的即时变化（Siemer et al.，2007），未来的研究可能需要考虑到认知评价对情绪的动态影响。

2.1.3.6 资源损耗的视角

资源损耗的视角聚焦资源保存理论和自我损耗理论探讨个体资源的分配和运用与不文明行为的相互影响。

（1）资源保存理论与不文明行为。

资源保存理论认为人们具有尽可能多地降低资源损耗，保留、维持和建设所珍惜资源的内在动机。职场不文明行为作为消极的人际交互和压力源，会形成对员工资源的实际损耗和损耗威胁，造成员工的情绪耗竭（Hur et al.，2016），负向影响员工的工作情绪和行为（Schilpzand et al.，2016）。为了防止更多的资源损耗发生，他们可能会试图减少与不文明行为实施者的交互，失去提升自身工作绩效的动机。Sliter 等（2012）遵循资源保存理论的论证逻辑，提出在与不文明顾客、同事的交互中员工的认知和情绪资源会逐渐被损耗，为了避免资源的实际损耗和资源损耗的威胁，员工会采取退缩行为，并降低工作绩效。

（2）自我损耗理论与不文明行为。

自我损耗理论侧重于考察个体资源损耗的后果。当个体的自控状态过度损耗时，会导致精神疲惫和注意力集中困难，进而影响后续的行为和绩效。当个体面临资源的损耗、存在冲突的工作要求时，其会倾向于以鼓励他人粗鲁、无礼对待自己的方式展现自身的行为，其职场不文明行为感知会提升，并进而采取更为强烈的工作场所攻击行为（Taylor & Kluemper，

2012）。Rosen等（2016）则从自我损耗的角度指出，政治知觉高的个体在遭受不文明行为之后的意义建构活动会损耗其自控资源，引发不文明行为实施，个体政治感知调节自控资源减少在遭受的不文明行为与实施不文明行为关系中的中介作用。

（3）对资源损耗视角的不文明行为研究评述。

资源损耗视角的不文明行为研究聚焦资源保存理论和自我损耗理论，前者对资源的界定较为笼统，后者则集中考虑个体的自我控制和自我调节，考察了资源的运转过程及动态变化形成的影响，但相关的研究并未考察资源运转过程所在的情景。例如，在高组织公平氛围的组织中，个体需要更多的资源用于处理负面信息（Sayers，2011），不文明行为遭遇对个体资源的损耗也可能更多，所造成影响也更大。

2.1.3.7 周边影响视角

周边影响的视角关注职场不文明行为在范围上的拓展，如不文明行为受害者如何转变为实施者，不文明行为遭遇如何影响个体除工作外的其他领域表现。

（1）转移攻击理论与不文明行为。

根据转移攻击理论，个体有将难以解决的压力发泄给其他个体的倾向。由此转移攻击被用于不文明行为受害者视角的研究中，Poptipiroon（2014）以泰国公共服务机构员工为被试的研究发现，不文明行为受害者不仅会采取针锋相对的回应，也会采用转移攻击的策略，遭受主管不文明行为的员工可能会产生更多针对顾客的越轨行为，员工的亲社会导向（公共服务动机和宜人性）调节感知的不文明行为与越轨行为的关系。

（2）溢出和交叉传递理论与不文明行为。

溢出和交叉传递效应认为员工的工作压力会从工作领域溢出到家庭领域，然后在家庭生活中交叉传递给员工的配偶，形成了不文明行为的转移和传播。不文明行为的溢出效应体现在对员工婚姻和家庭生活方面的作用，降低员工的生活满意度、婚姻满意度，引发工作—家庭冲突（Lim et al.，2008；Ferguson，2012），婚姻生活中的退缩行为和愤怒行为（Lim et al.，2019）。一方面不文明行为会对员工社会资源造成损耗，使员工集中其大部分的资源用于应对工作事务，因而投入家庭生活的时间和资源受到了限制；另一方面受到不文明对待的员工在认知反刍的过程中，压力不断增加而难以恢复，也会损害员工的生活质量。Ferguson（2012）考察了溢出—交叉传递效应，指出职场不文明行为对员工的婚姻满意度具有显著的预测效应，压力转移中介同事不文明行为与受害者伴侣的婚姻满意度、工作—家庭冲突的关系。

（3）对周边影响视角的评述。

周边影响的视角基于转移攻击理论、溢出理论、交叉传递理论印证了不文明行为在范围上的回旋升级，有利于更深入和全面考察不文明行为的影响。然而这两个理论存在较大的重叠，基于现有研究和理论很难理解不文明行为受害者如何选择转移攻击的对象，也缺乏不文明行为溢出—交叉传递效应的作用边界的研究。个体差异、组织环境因素等都可能影响个体对工作家庭之间相互渗透的理解，影响溢出理论、交叉传递理论和转移攻击理论的作用效果。例如，在集体主义和高权力距离的东方文化下，工作家庭的边界并不明晰，个体对于工作家庭之间相互渗透的接受度也更高（高中华、赵晨，2014），更容易产生溢出和交叉传递效应，个体对生活和工作领域角色认同程度的差异也会影响个体工作家庭领域的渗透作用，对家庭角色高度认同的个体更不可能将职场不文明行为转移到家庭生活领域。

2.1.4 顾客不文明行为

2.1.4.1 顾客不文明行为的概念

近年来，顾客不文明事件不断涌现，如北京宜家打折促销期间，许多顾客脱鞋盘腿呼呼大睡；我国游客大闹亚航，导致飞机返航泰国等，严重损害了我国"文明古国、礼仪之邦"的形象。随着服务业在国民经济中所占比重的日益加大，由此引发学术界对顾客不文明行为（customer incivility）问题的特别关注。在买方市场条件下，交互过程的单次性、偶然性、匿名性及双方权力的不对称，使服务交互过程中员工难免受到顾客不文明的对待。加之受"顾客是上帝""顾客永远是对的"等信条的影响，许多组织明确或暗示员工即使在面对无礼顾客时也应提供文明服务，这在一定程度上加剧了顾客不文明行为发生的频率。

顾客不文明行为作为服务失败的信号，是职场不文明行为由组织内部扩展至组织外部。根据 Andersson 和 Pearson（1999）对职场不文明行为的定义，Sliter 等（2010）将顾客不文明行为定义为是指员工感知来自顾客伤害意图模糊的低强度偏差行为，同时该行为违背了相互尊重及谦恭的社会规范。其特点有三个：（1）是非暴力的偏离行为；（2）违背了包括道德、尊重等社会规范；（3）会导致员工心理上的伤害（Kern & Grandey, 2009）。典型的顾客不文明行为包括来自顾客粗鲁的手势或表述（如瞪眼、叹气）、对服务员工进行不恰当的称呼（如"嘿""你"）以及指责员工服务不及时等。相对于其他顾客不当行为而言，顾客不文明行为虽然缺乏明确、有意识的指向，也不清楚顾客是否有意要伤害服务员工，这些不文明行为微不足道，但久而久之却会对员工造成伤害。根据 Wilson 和 Holmvall（2013）及 Sliter 和 Jones（2015）的观点，对于服务员工而言，基于下列两个方面的原因，导致顾客不文明行为发生的频率高于职场不文明行为：

（1）不同于职场内部员工之间的交互，顾客与员工之间的交互往往是暂时性的，这种交互过程的匿名性加剧了不文明行为发生的概率，同时顾客并无如何文明对待员工的具体要求。此外，如果员工针锋相对地对顾客实施不文明行为将会受到组织的惩罚。这使顾客不文明行为发生的频率及特点高于职场不文明行为。

（2）员工与顾客的交互过程受到组织要求及规则的制约，如果员工缺乏足够的自由裁量权及自主权，将无法通过采取违背组织规则的方式来满足顾客的需求及抱怨，因而员工就成了顾客由于对产品、服务及组织政策的不满而发泄的"替罪羊"。

2.1.4.2 与相关构念的关系

顾客不文明行为作为一种轻微的人际冲突，在服务交互中存在诸多与之相关的构念。Van Jaarsveld 等（2010）指出，顾客不文明行为与员工感知顾客不公平行为、顾客侵犯行为存在一定的关联。因而，厘清这些构念之间的联系和区别有助于我们更加深入理解顾客不文明行为。

顾客不公平行为指服务交互过程中，员工感知到顾客表现的对其不尊重、贬损的行为（Skarlicki et al., 2008）。Berry 和 Seiders（2008）指出，可以从顾客不公平行为的频率、意图及对员工造成伤害的程度三个方面来判断顾客的行为公平与否，并根据顾客行为的差异将顾客不公平分为言语侵犯者、求全责备者、规则破坏者、机会主义者、退货爱好者5类。

Bedi 和 Schat（2007）指出，顾客侵犯行为是指在服务情境中，顾客有意引起服务员工不适或伤害的行为。同时他们指出对这一概念的理解包括三个方面：（1）该行为发生的范围非常广泛，包括零售商店、宾馆、酒吧和空乘服务等；（2）该行为能够造成对员工身体或心理上的伤害；（3）该行为的发生没有设置具体的服务情景，既包括面对面的侵犯，也包括通过电话、电子邮件等的间接侵犯。

Barger（2009）指出，顾客不文明行为与顾客不公平行为虽有一定的重叠，但仍存在一定的差别。顾客不文明行为作为一种低强度的越轨行为，是一种不带有愤怒情绪的违反社会规范的目标模糊行为，是一种轻微的顾客言语侵犯（Van Jaarsveld et al.，2010），其相对顾客侵犯行为而言，更为隐蔽，更加缺乏针对性和倾向性。由于不文明行为产生的基础是交互过程中个体的行为预期，而非公平与否的判断（Anderson & Pearson，1999），因而其比顾客不公平行为更为宽泛，如在服务交互过程中顾客讲话是一种不文明行为，但员工并没有感知受到不公平对待。此外，Skarlicki 等（2008）指出，由于涉及道德、社会判断等因素，因此相对于顾客言语侵犯，顾客不公平感更加体现了员工的主观感受。

2.1.4.3 顾客不文明行为的结构维度与测量

由于 Cortina 等（2001）所开发的 7 题项的单维职场不文明行为量表（workplace incivility scale，WIS）是迄今为止在相关实证研究中最常用的测量工具（毛畅果、孙健敏，2012），该量表主要测量员工在 5 年之内遭受主管及同事诸如轻视、贬损、排斥、忽略等不文明对待的频率。鉴于顾客不文明行为与职场不文明行为之间存在诸多相同之处，因而较多学者对改良表稍作修改之后来测量顾客不文明行为。Kern 和 Grandey（2009）指出，相对于职场互动而言，服务交互过程的时间更短，因而利用 WIS 测量员工感知顾客在过去 2 周之内遭受顾客不文明行为的频率。

Van Jaarsveld 等（2010）根据 Cortina 等（2001）开发职场不文明行为量表（WIS）的程序，通过对焦点小组的访谈，得出服务交互过程中存在

7类来自顾客的不文明行为,并在此基础上开发出7题项的顾客不文明行为量表。

Wilson和Holmvall(2013)在总结顾客不文明行为与职场不文明行为各自特点及现有职场不文明行为量表在测量顾客不文明行为不足的基础上,利用Hinkin(1995,1998)问卷开发的四步法,通过两个子研究开发出10个题项具有较高信度及效度的顾客不文明行为量表,同时与顾客不公平行为及顾客不文明行为量表分属不同的维度。该量表主要测量员工感知顾客在过去6个月内对其实施不文明行为的频率。Sliter和Jones(2015)利用该量表测量顾客感知在过去一个月内所遭受的顾客不文明行为时也表现出较好的信度及效度。

Arnold和Walsh(2015)认为,顾客不文明行为是顾客与员工之间的人际冲突,因而其利用Spector和Jex(1998)所发展的职场人际冲突量表(ICAWS)来测量顾客的不文明行为。

Walker等(2014)指出,以往关于顾客不文明行为量表测量的是员工在过去一段时间内(几天、几周或几个月)遭受顾客不文明对待的程度,而忽视了员工在具体服务交互过程中对顾客不文明行为的感知。对累积不文明行为而言,具体事件不文明行为能够导致员工对顾客的即时反应。基于此,Walker等(2014)利用关键事件技术开发出包含4个题项的具体事件顾客不文明行为。

与大多学者将顾客不文明行为视为单维变量不同的是,Sliter等(2012,2010)根据顾客不文明行为的特点,在Burnfield等(2004)关于职场不文明行为维度划分研究的基础上,将顾客不文明行为划分为态度傲慢及转移自身挫折两个维度,该量表包含11个题项。

2.1.4.4 顾客不文明行为对员工的影响

研究表明,顾客不文明行为作为顾客在服务交互过程中的一种不当行为表现,会增加员工的互动不公平和程序不公平感(徐虹等,2018),降低员工的服务绩效和取悦客户的能力(Al-Hawari et al.,2020),并导致员工出现更多的工作家庭冲突和家庭破裂(Zhu et al.,2019)。此外,员工作为顾客不文明行为的长期接收者,会产生情绪损耗(Adams & Webster,2013),其有形和无形的工作压力会增加(Kim et al.,2014),进而会影响其绩效表现，降低其职业满意度（Hur et al.，2016），最终促使其滋生离职倾向（Andersson & Pearson，1999；Boukis et al.，2020）。顾客不文明行为会给员工心理和行为造成严重的负面影响，究其原因，更多的是受制于当前服务业"顾客是上帝""微笑服务"等服务业信条的束缚，这使员工在面对顾客的不文明行为时往往只能选择"逆来顺受"或进行"表层扮演"（Chau et al.，2009）。随着不文明事件的不断累积和积聚，久而久之甚至会使员工产生心理畸变，进而衍生出对抗性的行为意图，如针对顾客的报复行为（Walker et al.，2014；Alola et al.，2019）。

2.1.4.5　顾客不文明行为产生的根源

由于顾客不文明行为的高普遍性及高危害性，使多数学者仅对顾客不文明行为的作用机制予以了关注，而对顾客不文明行为影响因素的研究则较少（Sliter & Jones，2015）。文献研究发现，有关不文明行为产生的根源是亟待深入探索的领域。迄今为止，仅 Sliter 和 Jones（2015）集中系统地探讨了顾客不文明行为的影响因素。在研究中，Sliter 和 Jones（2015）通过对 71 名样本的访谈得出影响顾客不文明行为的因素来自顾客、组织或环境及服务员工三大类。其中，顾客因素包括顾客的情绪、人格特质、为获取更大的利益、感知没有受到公正对待及个人偏见；组织或服务场景因素包括组织所导致的顾客情绪变化、顾客过去不好的服务体验、组织服务授权及服务场景所致的压力（脏乱的消费环境、排队时间过长）；员工因素包括员工的不文明行为、服务导向、人格特质及个人能力的匮乏。基于研究的定性结论及挫折—进攻理论，Sliter 和 Jones（2015）在后续研究中利用追踪研究的方法，以 186 名服务员工为研究对象实证探讨了组织或服务场景及服务员工因素对顾客不文明行为的影响。实证研究结果表明，服务场景压力、员工宜人型人格、服务导向负向影响着顾客的不文明行为；员工神经质型人格及员工不文明行为正向影响着顾客的不文明行为。此外，实证结果表明，服务授权、员工责任性型人格及员工培训/知识对顾客不文明行为具有无显著影响。占小军等（2016）基于自我损耗理论，从员工视角探讨了心理契约破裂对顾客不文明行为的影响，尤其考察了顾客自控状态的中介作用及顾客—员工关系质量的调节作用。通过对 231 名员工及其顾客的配对调查，结果发现，心理契约破裂对顾客不文明行为存在显著的正向影响；自控状态中介了心理契约破裂对顾客不文明行为的作用；关系质量不仅负向调节了心理契约破裂与自控状态之间的关系，而且还负向调节了心理契约破裂—自控状态—顾客不文明行为这一中介机制。研究首次从员工视角探索了顾客不文明行为的诱发机制，丰富了已有相关研究，为服务性企业进行干预管理提供了理论参考。

在其他关于顾客不文明行为的研究中，少数研究零星探讨了顾客不文明行为的影响因素。Kern 和 Grandey（2009）探讨了种族与顾客不文明行为的关系，提出相对白人而言，黑人更容易遭受顾客的不文明对待，但实证结果并不支持这一假设。Arnold 和 Walsh（2015）的研究结果表明，对女性顾客而言，男性顾客更容易产生不文明行为。Van Jaarsveld 等（2010）在研究中发现，随着年龄的增长，员工所感知的顾客不文明行为逐渐降低。

2.1.5 结论与展望

以上论述中，我们基于不同的理论，从受害者、实施者和旁观者三个视角梳理了职场不文明行为相关研究，但尚存一些待考察的问题和方向。

(1) 团队层面的不文明行为研究。

已有的研究表明，职场不文明行为既存在于个人层面也作为工作环境特征存在于团队层面（Lim et al., 2008；Griffin, 2010）。根据社会学习理论，个体在不文明氛围中会更具攻击性，对员工的行为和绩效造成影响。然而团队层面的研究十分匮乏，尚存在一些亟待解决的问题，如究竟是哪些具体因素加速或阻碍团队不文明行为的形成，团队层面不文明行为导致哪些有别于个体层面不文明行为的结果，个人层面不文明行为与团队层面不文明行为如何相互影响及可能的边界条件等。

(2) 职场不文明行为诱因的研究。

组织公平、"社会化"、情感与态度、资源损耗和周边影响视角的研究大多考察了不文明行为的作用机制，而对职场不文明行为形成机制的研究较少。然而把握职场不文明行为形成机制是组织减少和消除该行为的先决条件，为阻止职场不文明行为的盛行，应加强对职场不文明行为影响因素的研究（Schilpzand et al., 2016）。未来研究应该从多层次、多角度考察职场不文明行为的形成机制，如考察员工家庭领域对员工职场不文明行为的影响、家庭领域的溢出效应等的作用。

(3) 职场不文明行为的传递机制研究。

近年来，下行传递效应成为组织行为学研究中新的热点。领导行为对员工行为的影响被视为职场不文明行为的下行传递。Lee 和 Jesen (2014) 基于社会交换理论的研究表明，不同的领导方式对员工不文明行为的作用机制存在差异。近来的研究开始关注不文明行为的平行转移，Foulk 等 (2016) 根据联想网络理论（associative network theory）提出不文明行为在组织的传播可能通过无意识地认知激活在工作场所进行传播。

不文明行为下行传递和平行传播的研究有助于我们深入了解不文明行为传递机制，但未有研究全面统整和比较下行传递和平行传播机制，也未能深入考察传递机制的边界条件，个体的归因、认知、团队集体主义导向等都可能对不文明行为的传递产生影响，基于不同理论视角的传递机制比较也是未来研究应该关注的问题。

(4) 职场不文明行为的跨文化比较研究。

职场不文明行为的概念和研究起步于西方，其本质是复杂的，最突出的特点在于低强度，但对行为强度的认知因人而异，个体对不文明行为的认知受到文化、组织情境等的影响（Milam et al., 2009），在东西方文化背景下，职场不文明行为的内涵、诱发因素和影响后果可能也存在差异，当前职场不文明行为的研究大多基于单一文化背景，仅 Kim 和 Shapior (2008) 初步尝试比较崇尚集体主义的韩国员工与个人主义的美国员工在遭受不文明行为之后报复行为的差异。未来的研究可以更多地进行不文明行为的跨文化比较研究。

(5) 不文明行为应用范围的拓展。

随着不文明行为研究的发展，近来的研究突破了面对面人际交互的范畴和工作场所局限，开始考察职场邮件交流中的不文明行为及家庭不文明行为。已有研究发现，邮件不文明行为和家庭不文明行为会造成受害者的心理和情绪困扰，降低受害者工作绩效（Park et al., 2018; Lim & Tai, 2014）。

此外，不文明行为受害者从组织内部人员拓展到组织外部人员。Ali 等 (2016) 通过对美国求职者的访谈发现，求职者在求职过程中也常遭受面试人员的无礼对待，求职者不文明行为遭遇通过自我效能感的中介作用对求职强度产生影响，求职动机调节不文明行为与求职自我效能感的关系以及求职自我效能感的中介作用。

邮件不文明行为、家庭不文明行为以及求职者不文明遭遇的出现拓展了不文明行为的研究范围，但现有邮件不文明研究均在西方文化情境下进行，研究对象是学生或以邮件作为主要工作交流媒介的全职工作者，邮件不文明行为可能是存在知识型员工中的独有现象，其独特性或文化情境性还有待考证。而家庭不文明行为可能与亚洲的集体主义文化、家长式管理风格、父母与子女同住情况较多等因素存在关联，现有研究大多在亚洲文化情境下进行，家庭不文明行为的存在及作用可能是具有亚洲文化特色的独特现象。

（6）不同理论视角的整合与比较。

本书提出的六个视角对不文明行为进行了解读，聚焦不文明行为的不同特点和方面，但基于不同理论视角的研究中不文明行为影响后果存在严重的重叠，如情感事件和组织公平视角的研究均发现，不文明行为通过影响员工的情绪或公平感知负向影响员工的工作满意度和生活满意度，正向影响员工的越轨行为，未来的研究可以尝试整合相关的研究，尝试比较不同理论机制解释力的差异和特点。同时，不同理论视角在对不文明行为进行解读时存在的局限可以通过整合来避免，综合组织特征和社会角色视角可以更全面地探讨资源损耗的动态变化和情景，个体认知和情感态度视角研究的结合有助于考察个体认知评价引发的即时情绪变化对情感事件链条的动态影响。

2.2 员工态度及行为研究回顾及评述

2.2.1 工作满意度

对工作满意度的正式研究始自 Hoppock，1935 年 Hoppock 在其博士论文 *Job Satifaction* 一文中首度提出了工作满意度的概念，他认为工作满意度是员工在心理与生理上对工作环境与工作本身的满意感受，也就是工作者对工作情景的主观反应，且 Hoppock 发现不同的职业阶层有不同的满意程度，较高阶层的工作者有较高的工作满意，这同时也说明了工作满意度是可以被测度的。此后，工作满意度便受到企业界及学术界的重视，许多研究者将其称为工业与组织心理学中的"圣杯"（张兴贵和郭杨，2008）。

工作满意度近年来在西方国家成为研究热点并非偶然现象，它折射了来自这个时代特定的管理实践需求。迅猛的科技发展、全球化竞争将企业置于快速变化而不确定的环境中，一个企业要想"长生不老"，要想持续发展，要想得到顾客历久不变的忠诚，就必须使自己的员工满意（孙春雷，1999）。

（1）工作满意度的概念内涵。

自 1935 年 Hoppock 提出工作满意度之后，工作满意度这个名词便受到管理界及学术界的重视。Hoppock（1935）指出，工作满意度是员工在心理和生理两个方面对环境因素的满足感受，也就是员工对工作情景的反应。之后许多学者都以这种观念为基础，提出了各自不同的看法。Porter 和 Lawler（1968）认为，工作满意度是指工作者对工作本质、工作关系与环境及整体工作认为应得与实际获得的报酬差距上所产生的情感知觉的反应，包括内在满足、外在满足和整体满足，若差距越小，则工作满意度越高；反之，差距越大，则工作满意度越低。Locke（1976）将工作满意度定义为员工对其工作或工作经历而产生的一种积极的情绪状态。O'Reilly 等（1991）表示工作满意度是员工对他们的工作所持有的态度，此态度来源于他们对工作的感知。Spector（1997）将工作满意度定义为人们喜欢其工作的程度，通过确定工作中的关键要素，然后根据员工对每一项要素的感受。Lussier（2005）将工作满意度定义为对工作的整体态度，同时工作满意度能够通过缺勤率和离职倾向等因素影响组织绩效。不论学者对工作满意度的定义如何，他们对工作满意度的定义可以明确说明：工作满意必定与个体本身的情绪有关，若个体能从工作中得到愉悦的情绪则可称为工作满意；反之，即表示个体对该工作感到不满（陈维岳，2005）。

由于研究的侧重点不同，采取的理论架构也不同，因此对于工作满意度的定义也就不尽相同，学者对工作满意度的定义有不同的观点，大体上可将工作满意度的定义归纳为以下三类（石清城，2005）。

第一类是综合型定义，即认为工作满意度是单一概念，它不涉及工作满意的各个方面形成的原因及其过程，只是员工对其全部工作的整体反应重点在于描述工作者对其工作有关环境所抱持的一种态度，即员工对其全部工作角色的情感反应。例如，Kalleberg（1977）认为工作满意度是指个人对于工作所保持的一般性态度，是一个单一概念，员工将不同工作构面的满意与不满意予以平衡，从而形成对整个工作的满意状况。

第二类是期望型定义，即员工工作满意度是取决于预期工作所得与实际所得间差距之大小，差距小则满足感高，差距大则满足感低。例如，Wexley和Yukl（1977）提出工作满意度受到期望工作环境和实际工作环境的制约，当实际工作环境好于期望的工作环境时，员工就会感到满意，反之员工就会不满意。期望的工作环境主要由个人的需求、个人的特征、当代社会的比较、当代社会的影响和早期的工作经验等决定；实际的工作环境则主要由报酬、管理方式、工作本身、同事、工作环境和升迁等因素决定。

第三类为要素型定义，这种定义通过确定影响工作满意度的因素来界定满意度的定义，它取决于个体对其工作构成各方面的认知评价和情感反应。例如，Smith等（1969）就认为工作满意度是一个人根据其影响因素对于工作特征加以解释后所得到的结果，工作好坏的比较、与他人的比较、个人的能力、过去的经验等因素都会影响到个人对目前工作的满意程度。

上述三类工作满意度定义差距很大。综合型定义强调的是一种单一概念，它不涉及工作满意度各个方面形成的原因及其过程，一般较难以衡量，而且忽略许多与工作相关的因素变化所带给员工的感受。期望型定义着重于工作所得的报酬与期望间的差距比较，忽略工作本身可带给员工的满足程度。要素型定义员工会根据许多因素来对工作特征加以解释比较后而得到个人的满足，这些因素包含工作层面、个人因素、工作本身等，该定义对工作满意的研究影响较广（牟嫣，2006）。

（2）工作满意度的维度结构。

国内外对工作满意度的研究已具相当规模，但是纵观工作满意度研究文献，我们发现工作满意度有单维与多维之分。所谓单维就是将工作满意度看成一个整体，不做各个维度的区分；所谓多维，就是将工作满意度区分为不同的方面，从而进行分别测量。

Hoppock 于 1935 年就从工作条件和工作内容等物质属性的角度提出了类似于领域维度的多维结构，他认为工作满意度包括疲劳、工作单调、工作条件和领导方式等。Hoppock 更多的是从工作本身和工作条件等物质属性角度定义工作满意度的维度，随着社会环境和员工需求的变化，这种维度的划分存在许多缺陷，此后许多学者分别从物质和精神角度对工作满意度的维度进行了研究。Vroom（1964）认为工作满意度有 7 个维度，包括组织本身、升迁、工作内容、上司、薪酬、工作环境和同事关系。

Locke（1976）认为工作满意度的维度是：工作的性质、待遇、升迁、工作环境、同事关系。Rice 等（1991）在 Locke（1976）研究的基础上，通过对 97 名不同工作的在职大学生（working college students）的调研，发现构成工作满意度的维度是：薪酬、工作时间、交流时间、晋升、同事、与客户的交流、学习新技能的机会、决策、物质需要的满足、精神需要的满足、与管理人员的联系以及员工对工作时间的控制感。Arnold 和 Feldman（1982）提出工作满意度包括工作本身、上司、经济报酬、升迁、工作环境和工作团体 6 个维度。

Wanous（1974）将工作满意度划分为内源性（intrinsic）和外源性（extrinsic）两个维度，内源性工作满意度就是指人们对工作任务本身性质的感受；外源性工作满意度就是指人们对各种外部的工作情景的感受。外源性工作满意度相当于双因素理论中的保健因素，主要满足较低层次的需要；内源性工作满意度相当于双因素理论中的激励因素，主要满足较高层次的需要。

我国学者在国外学者研究的基础上，对工作满意度的维度进行了本土化研究。冯伯麟（1996）以教师为研究对象，得出教师工作满意度由 5 个维度构成：自我实现、工作强度、工资收入、领导关系和同事关系。凌文辁、张治灿和方俐洛（2001）在研究组织承诺的影响因素中发现，工作满意度由 6 个维度构成：对同事的满意度、对领导的满意度、对晋升的满意度、对组织的满意度、对报酬的满意度、对工作本身的满意度。邢占军等（2001）在对山东省国有大中型企业职工进行大规模抽样问卷调查的基础上，得出员工的工作满意度主要由物质生活满意感、社会关系满意感、自身状况满意感、家庭生活满意感和社会变革满意感 5 个部分构成。张勉和李树茁（2001）在俞文钊的七因素说的基础上，通过增加样本数和样本范围，在控制人口变量和职业变量的情况下，得出工作满意度的维度是：公司管理水平、工资水平、工作环境、个人能力和潜能发挥、个人发展机会、公司发展前景、福利待遇和人际关系。熊勇清和全云峰（2007）在前人研究的基础上，将工作满意度归纳为5个维度：第一，工作特征：有无挑战性，有无自主权，能否发挥个人能力，压力大小；第二，工作报酬：薪酬，晋升，福利，培训；第三，个人特征：性别，服务年限，知识能力，个人价值观；第四，人际关系：同领导的关系，同同事的关系；第五，工作环境：物理环境，组织环境，管理风格。朱少英（2009）在前人研究的基础上，结合知识型员工的特点，将工作满意度归纳为4个维度：第一，任务满意；第二，薪酬及环境满意；第三，发展满意；第四，上司满意。

对工作满意度维度的研究，学者得出的结论既有类似之处，又有明显差异，尤其在不同指标对满意度影响的重要性排序上各有侧重（王兴琼，2008）。这说明工作满意度的维度因国情、理论架构、样本数和研究对象等不同而产生分歧和差异，同时这些维度并不单独或独立起作用，而是交互起作用，如相同的工作和环境对不同的员工产生不同的效应。

（3）工作满意度的测量。

目前，工作满意度量表调查多采用两种评估方法：单一整体评估法（single global rating）和工作要素总和评分法（summation score）。整体评估法包括单一整体评估法只要求被调查者回答对工作的总体感受，如"就各方面而言，我满意自己从事的工作"；工作要素综合评分法通过运用各种影响工作满意度的因素来评价员工工作满意度。下面简单介绍国外几种常见的量表：

第一，单一整体评估法。1935年Hoppock设计的工作满意度量表就属于单一整体评估法。Brayfield和Rothe（1951）利用统计方法从超过1000个叙述中选出18个题项，从单一维度对工作满意度进行测量，其中9个题项为反向题。Cammann等（1983）通过3道能够从整体上反映员工对工作和组织的满意程度题目来测量员工的工作满意度状况，而这3个题项都来自Michigan的组织评估调查问卷。

第二，明尼苏达满意度量表（Minnesota satisfaction questionnaire）。MSQ1967年由明尼苏达大学工业关系中心的研究者基于工作适应理论编制而成,该量表分为长式量表和短式量表。其中,长式量表由 100 道题组成,包括 20 个分量表,这 20 个分量表分别是:能力效价、成就、行动、晋升、权威、公司政策和实践、薪酬、同事、创造力、独立性、道德价值、赞誉、责任、安全感、社会服务、社会地位、人际关系管理、技术管理、多样化和工作条件。在这 100 道题中,有 20 道题可以组成一个独立反映工作满意度的短式量表,其中 12 道题反映内在工作满意度,8 道题反映外在工作满意度(Weiss, Dawis & England et al., 1967)。

第三,工作描述指数(job descriptive index)。JDI 由 72 道题项组成,具体包括工作本身、薪酬、晋升的机会、上级和同事 5 个方面的维度(Smith, Kendall & Hulin, 1969)。1991 年 Gregson 通过因子分析选出每个维度因子载荷最高的 6 道题项,得到了包括 30 个题项的 JDI 简版。

第四,工作诊断调查表(job diagnosis survey)。JDS 由 Hackman 和 Oldham 开发,它测量了员工的总体工作满意和特定方面的工作满意。总体工作满意包括整体满意、内部工作动机和成长满意 3 个维度,共 15 个题项,它们经常被合成为对工作满意度的单一维度测量。JDS 也可用于对工作稳定性、报酬、同事和上级等方面的满意的测量(Fields, 2004)。

第五,工作满意度调查表(job satisfaction survey)。本量表是由斯佩克特编制的。它通过 36 道题描述了工作的九个方面(每个方面 4 道题)。这九个方面包括报酬、晋升、管理者、利益、偶然奖励、操作程序、同事、工作本身和交际。它原本被用于评估人际服务、非营利组织以及社会机构中的工作满意度(Fields, 2004)。

我国对工作满意度测量的研究发生在改革开放以后,并主要集中在对国外研究成果的修订和运用上,比较著名的如吴宗怡、徐联仓对 MSQ 量表的修订和使用;冯伯麟对于教师工作满意度构成 5 个维度的提出和香港城市大学梁觉对合资企业员工满意度的研究等。2001 年卢嘉、时勘和杨继锋在国内外有关工作满意度的研究基础上,通过查阅国外著名咨询公司和跨国公司多年来使用的量表,并对我国企业不同地区、不同行业的管理者和员工进行了深度访谈和个案分析,研制出我国的工作满意度量表,该量表包括 5 个维度:第一,企业形象的满意度(管理制度、客户服务、质量管理、参与管理);第二,领导的满意度(管理者、工作认可);第三,工作回报的满意度(报酬、福利、培训与发展、工作环境);第四,工作协作的满意度（同事、沟通、尊重）；第五，工作本身的满意程度（工作胜任感、成就感，安全感）。实践证明该量表具有较好的信度和效度，它的测量结果与 MSQ 的相关性达到了显著水平。

研究表明，由于满意度的内涵太广，单一整体评估法成了一种包容性更广的测量办法。不过，这种方法只有总体得分，虽然可以知道企业的相对满意度水平，但无法对企业存在的具体问题进行诊断，不利于管理者改进工作。工作要素总和评分法首先通过确定工作中的关键维度，然后编制调查问题，再根据标准量表来评价这些维度，能够从各个方面来测量工作满意度。相比而言，它比单一整体评估法操作起来复杂一些，但能获得更精确的评价和诊断结果，有利于企业根据存在的问题，制订相应的对策，提高员工的满意度（卢嘉、时勘和杨继锋，2001）。

2.2.2 生活满意度

在有关文献中，"生活满意度"一词经常与"幸福感""个人福利"等词替代使用。对生活满意度的定义，不同的学者存在不同的看法。有代表性的观点有：Stones 和 Kozma（1980）认为生活满意度是人生主要的愿望与已完成一定比例而拥有的喜悦相比较的结果；Henry（1989）认为生活满意度是指个人对目前生活的所有状况，及其追求的期望目标是否达成一致的整体评估过程，其所评估的是一种长期生活下的结果；Veenhoven（1991）将生活满意度定义为个人衡量其对生活质量的满意程度，即其心理快乐程度；Hollis（1998）认为生活满意度是指个人对其经济、体力、情绪、心理和社会因素等层面是否良好的主观判断。根据上述关于生活满意度的定义可以看出，大部分学者均认为人们对生活满意程度的判断是基于每个人根据自己设定标准与环境相互作用的结果，而不是外部强加的。

Athley（1977）认为生活满意度的理论有：（1）活动理论。表示越积极的人，其生活满意度越高。（2）撤离理论。表示从社会关系中退出，转而与家人相处越多的人，其生活满意度越高。（3）持续理论。表示越能保持原有习惯的人，其生活满意度越高（Riddick & Daniel, 1984）。

最早对个人生活满意度的度量都是依据个人外显行为，或根据社会制定的成功标准来衡量，例如，参与社会活动越多，表示其生活满意度越高，该判断标准缺陷在于以研究者主观的价值标准来评定他人的生活满意度（林丽玲，2001）。后来研究者以实证的方式对生活满意度进行度量，但早期许多学者使用单一题项的量表来测量被调查者的生活满意状况，例如，Andrew 和 Withey（1976）以及 Dienner（1984）都要求被调查者对"总的来看，你对生活的满意度有多高"进行评价（张进和马月婷，2007）。

由于生活满意度是一个多层面的概念，涵盖个人特性、物质环境因素、社会环境因素、社会经济因素、个人自主因素、主观的满足因素及人格因素，此外，不同的人对生活满意度的感受不同，因此不能用单一项目量表来测量生活满意度，而应该用多个项目的量表对生活满意度进行测量。从现有的研究结果来看，多个题项量表的测量结果比单一题项的测量结果更加可靠（Krueger & Sehkade，2008）。多项目生活满意度量表主要有：Neugarten 等（1961）编制的《生活满意感指数》（LSI），该量表涉及生活热情；生活的意义，所达到目标与期望目标的一致程度；在心理和社会方面的自我概念；愉快乐观的心理品质等 5 个层面。Ragheb 和 Griffith（1982）所设计的生活满意度量表包括休闲满意、生活水平、家庭关系与家庭活动、健康、休闲参与、生活物质状况 6 个层面。陆洛（1998）根据针对中国人的特点而设计的中国人幸福感量表，该量表将生活满意度分为家庭生活、职业、健康、家庭经济、居家环境、社交和休闲等 7 个层面。最常用的量表是由 Diener 等（1985）提出的生活满意度量表（SWLS），该量表由 5 个题项组成，研究者可以根据回答的总体情况来判断被调查者的生活满意状况。

2.2.3 离职倾向

2.2.3.1 离职倾向的含义

Porter 和 Steers（1973）认为离职倾向是当员工经历了不满意以后的下一个退缩行为。Mobley 等（1978）认为离职倾向是工作不满意、离职念头、寻找其他工作倾向与找到其他工作可能性的总和表现。Mobley（1977）认为员工经历了不满意以后的下一个步骤是离职念头，而离职倾向是在其他几个步骤（离职念头、寻找工作机会、评估比较其他工作机会）之后、实际离职行为前的最后一个步骤。

由于离职行为受到很多外在因素的影响，比离职倾向更难预测；离职倾向要比离职行为更好地反映组织实际的管理水平；通过对离职倾向的研究，可以深入地了解到离职行为发生的前兆，组织可以据此采取措施以预防有价值员工的离职，而离职行为一旦实际发生，组织除了估算重新招募、培训替代者的成本之外别无他计（魏淑华，2008），因此 Miechaels 和 Spector（1982）及 Mobley 等（1979）等学者认为离职倾向是离职行为的最佳预测变量，对离职倾向的研究比对离职行为的研究更具有实际意义。

2.2.3.2 离职倾向的影响因素

国内外学者对离职倾向的影响因素进行了大量的实证研究，并取得了较为丰富的研究成果，主要有：

Muchinsky 和 Morrow（1980）将离职倾向的影响因素划分成 3 个维度：（1）经济机会因素；（2）工作关系因素；（3）个人因素。经济机会因素反映了劳动力市场规律对离职倾向的影响，主要包括本地的失业率、劳动力市场的变化规律、薪酬水平和经济机会。工作关系因素反映了组织对离职倾向的影响，一般来说，工作关系因素包括组织因素、组织因素导致的个人态度以及态度导致的行为这三个方面，但 Muchinsky 和 Morrow（1980）所指的工作关系因素仅限于后两个。个人因素反映了个人背景差异对离职的影响，主要包括个性特征、职业特征和生活特征。

Zeffane（1994）认为影响离职倾向的因素是：外部因素（就业机会）、员工个体特征（如性别、职务、能力）、制度因素（工作环境、薪酬）以及员工对其工作的反应（工作满意度、组织承诺）等。

根据 Iverson 等（1995）的员工离职行为因素统计模型可知，离职倾向的影响因素分为个人变量（年龄、工作动机）、与工作相关变量（组织公平、工作挑战性）、外部环境变量（工作机会）和员工倾向变量（工作满意度、组织承诺）四个方面。研究发现，这四个变量中员工倾向变量与最终离职行为的关系最为明显，而且与前面三个变量的交互作用程度最大（孙跃，2009）。

Price（2001）将离职倾向的影响因素划分为环境变量、个体特征变量和结构变量三大类。其中，环境变量包括机会和亲属责任；个体特征变量包括一般性培训、工作参与度、情绪变量；结构变量包括工作自主性、组织公平感、工作压力、报酬、晋升、工作单调性、社会支持。

符益群、凌文辁和方俐洛（2002）根据对国内外文献的分析以及实际的调查研究，把离职倾向的影响因素归结为以下6个维度：个体因素（教育水平、绩效、任期等）、与工作相关因素（角色模糊和角色冲突、任务多样性、工作环境等），组织因素（制度因素如奖酬制度、组织结构、组织管理等），个体—组织适合性（指个体偏好的氛围和组织氛围之间的适合性，如组织申请者会在价值观、道德氛围、个性等方面去判断组织对他的适应性），外部环境因素（劳动力市场状况、组织外工作机会、就业形势、社会经济环境等），与态度和其他内部心理过程相关的因素（组织承诺、工作满意、觉察到的影响力、觉察到的机遇、工作期望等）。

韩翼和廖建桥（2007）根据 Iverson 等人的研究成果，将离职倾向的影响因素分为个人变量、结构化变量、工作动机以及员工定向（工作满意度和组织承诺）4个维度。

2.2.3.3 离职倾向的影响后果

离职倾向是指员工所产生的离开组织的想法或者意愿，它是判断员工离职行为的最佳指标，当一名员工离职倾向越高时，其离职行为发生的可能性就越大（熊明良，2008）。那么离职对组织产生什么影响呢？在传统上一直认为员工自愿离职对组织总是不利的，组织要负担的直接和间接成本，如张汉中（2002）认为离职对组织的负面影响有：如果组织真正需要的人离职，将会造成优秀人才的流失；组织在招募、选拔和培训员工所支付的对价[①]，都将由于员工的离职而不能获得应有的补偿；新进员工缺乏经验，易出差错，使替代成本难以估计；员工的离职，影响其他同事的士气，从而对组织目标的实现产生负面影响。杨福珍（2006）认为离职倾向除了造成上述四个方面的负面影响之外，还会造成商业机密的泄露，增加行政管理成本，降低生产效率。

---

① 对价是合同缔结中非常重要的一个因素，在本书中对价是指组织为员工所支付的费用、牺牲的权利、履行的义务、遭受的损失以及做出的隐忍。参见：Ewan McKendrick. Contract Law (4th edition)［M］. 北京：法律出版社，2003：79.

也有研究显示，员工的离职行为除了负面影响之外，也存在一定的正面影响。例如，Mcevovy 和 Cascio（1985）认为那些工作表现较差员工的离职对组织来说是有益无害的。黄英忠（1997）认为离职能够更新组织气氛、提升组织的活力、建立企业形象和个人获得较好的待遇及工作条件（林长华，2009）。李文杰（2001）认为离职的正面影响有：能够引进新的管理方法或技术；可以除去不胜任的人员，提升组织效能；从员工的立场来看，离职是一种个人行为自由的移动，可由此获得较好的待遇和工作条件。

2.2.4 服务破坏行为

2.2.4.1 服务破坏行为的概念内涵

进入 20 世纪 90 年代，随着服务业的迅猛发展，对员工破坏行为的研究逐渐由对实物的破坏转向对顾客的破坏，基于此，Harris 和 Ogbonna（2002）首先提出服务破坏（service sabotage）一词，将员工的破坏行为推及服务业领域，并将破坏目标由生产设备及同事延伸到顾客身上（丁桂凤等，2009）。服务破坏行为作为一种职场偏差行为，是指服务员工故意违背服务规则或服务手册所要求的应以职业、友好、耐心的方式对待顾客的行为（Solomon et al., 1985）。在此基础上，Harris 和 Ogbonna（2012）将服务破坏行为定义为在顾客或管理者不知情的情况下，故意表现出来的对服务产生消极影响的行为。典型的服务破坏行为方式有：如故意延迟服务过程、破坏员工与顾客的关系、降低顾客服务质量（挂断顾客电话、误导顾客）等。

于伟和张鹏（2015）指出，服务破坏行为不同于其他越轨行为（偏差行为、反社会行为等），它是指覆盖服务过程的越轨行为。因此，服务破坏行为除具有职场偏差行为共有特点之外，服务破坏行为还具有自身特殊性：（1）破坏指向的多元性。服务员工的破坏行为对象既可能是"泛"顾客，也可能是"特定"顾客。（2）破坏诱因的复杂性。（3）破坏后果的严重性。由于服务破坏行为能够降低顾客满意、顾客忠诚以及组织长期利润，因而该行为不利于组织的长远发展（Chi et al., 2013）。（4）破坏方式的多样性。服务过程中的主客交互是包括产品交付、信息交流、情感沟通和情绪互动的复杂过程，服务破坏能够随之表现出多种方式。（5）破坏手段的隐秘性。服务破坏发生于员工与顾客互动过程中，主客间存在的信息不对称，同时企业也无法对员工行为进行实时监管，这使相当一部分的服务破坏行为能够隐秘进行。（6）破坏感知的差异性。正如顾客感知的服务质量不一而同，顾客对服务破坏的感知也存在差异，能够被某些特定顾客容忍的破坏行为可能会被其他顾客视为不可接受。

2.2.4.2 服务破坏行为的测量

为了衡量服务人员蓄意操纵、干扰或以其他方式影响服务遭遇的程度，Harris 和 Ogbonna（2006）借鉴 Harris 和 Ogbonna（2002）对服务破坏的概念，以及之前在其他服务环境中对员工故意不当行为的研究，开发了一个包含 9 个题项的服务破坏行为测量量表，代表性的题项为"在这个企业，报复顾客是非常常见的行为"。在此基础上，Chi 和 Grandey（2016）开发了基于面对面服务交互情境的 5 题项服务破坏行为量表，代表性题目如"在顾客需要时，故意催促顾客"。Skarlicki 等（2008）则以话务员为研究对象，利用关键时间法，开发了一个 5 条目的服务破坏行为测量量表，典型的题项如"故意挂断顾客电话"。

2.2.4.3 服务破坏行为的影响因素

丁桂凤等（2009）在总结他人研究成果的基础上，将服务破坏行为的影响因素划分为个人、群体、组织与环境四个层级。（1）个人层级：个人层级因素对服务破坏行为有重要的影响作用，其中最为普遍和深层的因素有：风险承担的态度、社会赞许需要、组织承诺、组织公平感与人口统计学变量。（2）群体与角色因素：这类因素涉及员工的具体工作特征、组织社会化程度、亚文化的流行强度等方面。（3）组织因素：与生产破坏行为的研究结果一致，在服务业背景下，多种组织因素都与破坏有关。其中有两项组织因素特别值得注意，即组织的监督与文化控制程度。（4）环境因素：员工对人力资源市场情况的认知是影响服务破坏的一个重要因素。

顾客作为服务员工主要的交互对象，因此，顾客也应是影响服务破坏行为的重要因素。顾客欺凌行为可被视为负面的工作事件，它不仅会直接引发员工的情绪反应，而且会通过情绪间接影响员工的行为。Chi 等（2013）的研究提出顾客欺凌行为正向影响服务员工针对顾客的破坏行为，并从情感事件的视角提出员工敌意在这一关系中的作用，实证研究结果表明，员工的敌意状态在顾客欺凌行为与员工服务破坏行为的关系中发挥了中介作用。Walker 等（2014）的研究指出，顾客欺凌行为作为一种工作事件会侵犯员工的尊严，引发员工的负向情绪。进而诱发员工针对欺凌源泉的不合理行为。Skarlicki 等（2008）指出，从公平的道德视角来看，由于员工认为顾客欺凌行为违背了互惠的道德规范，因此员工会不顾自身收入的减少而产生针对顾客的服务破坏行为。Wang 等（2011）基于资源视角的实证研究表明，顾客欺凌行为与服务员工针对顾客的破坏行为正相关。

领导者作为组织中个体行为形成的决定因素。消极管理行为是激励员工表现消极行为的因素之一。因此，员工服务破坏行为可以通过获得心理自由来反映为一种对压制性管理的反抗，从而摆脱压制性管理方式（Harris & Ogbonna，2012）。因此，Yeşiltaş 和 Tuna（2018）通过实证研究表明，道德领导消极影响员工的服务破坏行为。Zhou 等（2018）利用资源保存理论发现，授权管理能够显著降低服务破坏行为，同时工作投入在其中扮演着中介角色。

Harris 和 Ogbonna（2006）通过对259名服务员工的调查发现，员工的冒险倾向、对社会认可的需要、对留在当前组织中的职业追求、对组织监控程度的感知、对文化控制程度的感知、对顾客接触程度的感知以及对劳动力市场流动性的感知显著影响员工的服务破坏行为。王弘钰和刘丽丽（2017）通过对579名服务业一线员工的问卷调查，利用多元线性回归和拨靴法，探讨一线员工服务破坏的影响因素，研究结果表明，组织限制对服务破坏具有显著的正向效果，情绪衰竭在其中起到中介作用。程豹等（2019）基于资源保存理论，通过基于3个时间点获取了来自6家酒店的341份员工—领导配对问卷调查，研究结果显示，职场排斥能够对员工服务破坏产生显著的正向影响。Dai 等（2019）基于自我决定理论，实证研究发现员工核心自我评价正向影响其服务破坏行为。

2.3 研究评述

通过对职场不文明行为、工作满意度、生活满意度、离职倾向以及服务破坏行为的相关文献进行了回顾,本书认为,关于职场不文明行为的研究缺陷主要体现在以下几个方面:

第一,缺乏按照来源的差异探讨职场不文明行为的作用机制。自 Andersson 和 Pearson (1999) 提出职场不文明行为这一概念以来,学术界对职场不文明行为开展了广泛而深入的研究。根据不文明行为来源的差异,可将职场不文明行为划分为主管不文明行为、同事不文明行为及顾客不文明行为三大类 (Sakurai & Jex, 2012)。目前学者很少能够根据不文明行为来源的差异开展研究。

第二,职场不文明行为对员工工作和生活影响差异的研究较少。主管不文明行为消极影响着下属的工作及生活已被学术界所证实,但两者之间的作用机制如何,学术界并没有进行有效的考察,此外,主管不文明行为对员工工作及生活作用机制是否存在差异也没得到学术界的关注。基于此,本书响应 Zhou 等 (2019) 的号召,从主管、同事和顾客三个方面来探讨职场不文明行为的作用机制,从而提升学界和实践界对不文明行为的认识。

基于此,本书将依据情感事件理论和社会交换理论,以及员工工作生活满意度为落脚点,通过员工—同事配对、追踪调查,分别从员工情绪及认知两个视角考察主管不文明行为的作用过程。具体来说,以消极情绪及感知交互公平分别作为员工情绪及认知机制的代表性变量,考察并比较他们在主管不文明行为与工作满意度、生活满意度之间的中介作用。从理论角度来看,对此问题的探讨能更清晰地揭示主管不文明行为对员工工作和生活的作用机制以及每种作用机制的特定解释力,丰富职场不文明行为理论。从实践角度来看,对该问题的考察能够帮助企业认识到主管不文明行为对员工工作和生活的影响路径,从而更具针对性地提高员工的工作及生活满意度。

第三,以往关于不文明行为作用机制的研究没有将主管和同事区分开来，缺乏从第三方视角探讨同事不文明行为对员工的影响。相对于主管而言，虽然同事不具有正式权力，但具有一定的非正式权力及影响力，因此同事对员工的影响也不容忽视。因此，本书将结合情感事件理论及资源保存理论，探讨同事不文明行为影响员工离职意愿的过程中，考察消极情绪的中介作用以及组织支持感的调节作用，以期为相关组织应对及消除同事不文明行为对员工的影响提供建议。

第四，缺乏关于职场不文明行为螺旋升级效应的研究。Andersson 和 Pearson（1999）指出，即使被欺凌的个体知道其针对欺凌源泉的破坏行为违背了某些规范并且可能会因此受到惩罚。其仍然会针锋相对地回应。现有关于职场不文明行为的研究着重探讨了职场不文明行为对员工工作态度及绩效的影响，对职场不文明行为螺旋升级的研究则较少（Galllus et al.，2014）。鉴于此，本书将基于社会认知视角探讨顾客不文明行为影响服务员工不良行为的道德自我调节机制，并在此基础上检验员工道德认同在职场不文明行为、道德推脱及服务员工破坏行为这一关系中的作用。

第五，从研究方法来看，缺乏基于追踪数据的研究。现在大多关于职场不文明行为的研究都是基于横截面的数据进行的，这使所探究的变量之间的关系本质上是建立在相关研究的基础上，而相关研究只能探测变量之间的联系，而不能决定因果关系的方向。研究表明，只有通过变量的纵向研究，才能促进对变量的因果性问题的研究。O'Leary - Kelly 等（2009）指出，应采取比横断研究更好的方法来研究变量之间的关系。因此，通过追踪研究，能够更好地了解员工在受到不文明对待之后的工作反应，将有助于更加深入地研究不同来源职场不文明行为对员工的影响机制，从而克服了以往研究中仅仅对员工影响机制进行静态分析的片面性。

第六，已有关于顾客—员工互动的实证研究大多是基于员工或顾客单边数据进行研究，缺乏顾客—员工配对数据的研究。Gooty 和 Yammarino（2011）指出，在有关研究中，缺乏对配对数据进行分析是有关组织研究的一个普遍问题。Groth 和 Grandey（2012）指出，顾客—员工在服务交互中的情绪问题应该从顾客—员工配对的视角进行研究，但大多数研究仅从顾客或员工一个角度进行研究。但由于顾客及员工在服务交互中对服务结果的理解是不一致的，这使以往依靠单边数据来探讨顾客—员工关系研究结果的准确性就值得怀疑。为克服以往大多以单边数据研究员工—顾客关系的局限性，以及最大限度地控制同源误差，本书拟采取顾客—员工配对的方式收集数据。

基于上述文献回顾，我们得到以下四个核心结论：（1）缺乏按照来源的差异探讨职场不文明行为的作用机制；（2）职场不文明行为对员工工作和生活影响差异的研究较少；（3）关于不文明行为作用机制的研究忽视了从同事视角探讨职场不文明行为对员工影响的研究；（4）缺乏关于职场不文明行为螺旋升级效应的研究。围绕上述四个核心结论，本书力图从以下三个方面解决上述问题：（1）主管不文明行为对员工工作及生活的影响机制问题，以消极情绪及感知交互公平分别作为员工情绪及认知机制的代表性变量，考察并比较他们在主管不文明行为与工作满意度、生活满意度之间的中介作用；（2）同事不文明行为对员工离职倾向的影响机制问题，探讨同事不文明行为影响员工离职意愿的过程中，考察消极情绪的中介作用以及组织支持感的调节作用，以期为相关组织应对及消除同事不文明行为对员工的影响提供建议；（3）探讨职场不文明行为的螺旋升级效应，基于社会认知视角分别探讨顾客不文明行为影响服务员工不良行为的道德自我调节机制，并在此基础上检验员工道德认同在职场不文明行为、道德推脱及服务员工破坏行为这一关系中的作用。为了解决上述三个方面的问题，我们将以情感事件理论、社会交换理论、资源保存理论以及社会认知理论分别开展三项子研究进行探讨，即分别从主管、同事以及顾客三个视角探讨职场不文明行为对员工的作用机制。

3 职场不文明行为对员工工作及生活的影响机制：基于主管的视角

长期以来，职场阴暗面行为得到了学者们的普遍关注，但学者们关注的焦点是那些强度较大、伤害意图较为明显的负面行为，如辱虐管理、攻击行为、工作场所越轨行为等，而对那些强度较小、意图模糊，但在组织中更为频繁发生的不文明行为却没有予以足够的关注（Schilpzand et al.，2016）。由于人格特质、利益、信仰、立场及关注点的差异，导致职场不文明行为无处不在。此外，不文明行为的匿名性，使其发生的频率显著高于其他职场阴暗面行为（Gallus et al.，2014）。调查表明，98%的员工遭受过不文明行为，同时一般员工至少每周都会受到不文明对待（Porath & Pearson，2013）。来自印度、日本、韩国及新加坡等亚洲国家的数据也表明，超过77%的员工在过去一年之内感受到来自主管、同事的不文明对待（Yeung & Griffin，2008）。

职场不文明行为是指伤害意图模糊、不顾及他人、违背职场规范的低强度职场偏差行为（Andersson & Pearson，1999），因而组织对不文明行为缺乏正式的申诉和制裁程序。典型的不文明行为包括：忽视他人的问候、打断他人的谈话、在公共场合大声说话、不回他人电话、对他人的观点没有丝毫兴趣等（Pearson & Porath，2009）。虽然这些不文明行为微不足道，但却无处不在，同时导致受害者有"怨言"而难于疏解的感觉，因而职场不文明行为被认为是"职场最普遍的反社会行为之一"（Cortina，2008）。

在组织情境中，根据不文明行为来源的差异可将不文明行为分化为主管、同事及下属三类不文明行为。相对于同事及下属而言，由于主管在权力控制、资源分配及职务晋升等方面拥有更大的影响力，因而主管更倾向于产生不文明行为,所造成的危害也更大(Lim & Lee, 2008)。Lim 和 Lee (2008) 的实证研究结果也表明,主管不文明行为显著高于来自同事、下属的不文明行为。国内学者的研究也发现,受传统"上尊下卑"文化的影响,来自主管对下属的嘲讽、辱骂、贬损等行为的普遍性显著高于西方 (高日光, 2014)。当前大多学者将主管阴暗面行为的研究聚焦于辱虐管理,而对主管不文明行为的关注则较少。辱虐管理作为一种持续性的主管敌意行为 (Tepper, 2000),虽然辱虐管理与主管不文明行为都是来自主管违背职场规范的阴暗面行为,两者存在一定的交集,但相对于持续性的辱虐管理而言,主管不文明行为则可以是一种断续的行为,同时主管不文明行为的伤害程度更低、意图更模糊,发生频率更高。因而不文明行为作为职场最微妙、最持久、最普遍的消极人际行为方式,辱虐管理等攻击行为往往是主管不文明行为累积升级的结果。因此,探讨主管不文明行为有助于从源头防止辱虐管理等伤害意图明显且强度较大的职场阴暗面行为的盛行。

不文明行为虽然细微,并且缺乏明显的伤害意图,但因其频繁发生且违背社会规范,使许多研究结果一致表明,不文明行为对员工的工作表现、身心健康产生显著的消极影响,但已有的研究主要研讨了职场不文明行为对员工工作结果的影响,而关于职场不文明行为与员工非工作因素的研究则较少(Miner et al., 2012)。此外,当前的研究均没有解释不文明行为通过何种机制对员工产生影响(Bunk & Magley, 2013)。同时由于工作生活之间具有较强的渗透性,使不文明行为对个体工作的不利影响可能会通过涟漪效应波及员工的生活。对个体而言,工作、生活满意与否最能体现其工作及生活状况,同时 Lim 和 Lee(2005)认为工作、生活满意状况是代表员工工作和非工作状态的重要变量。因此,本书将探讨主管不文明行为对员工工作满意度及生活满意度的作用机制。

Long 和 Christian(2015)指出,职场阴暗面行为在影响员工反应过程中存在认知和情绪两条途径,同时这两条途径经常交织在一起对个体产生影响。情感事件理论认为,情绪在工作事件对员工态度和行为的影响过程中扮演着中介角色。基于此,研究者考察并证实了消极情绪在工作负向事件与下属行为之间的中介作用(Mayer & Thau, 2012)。认知作为理性思考的过程,当个体遭遇外界压力时,会自动评估该压力对自身的影响,因而公平感知过程是一个重要的认知过程（Johnson et al., 2014）。社会交换理论认为社会交换关系不仅是经济交换，更是象征性的或社会情感资源的交换（樊耘等，2014）。因此，当感知他人的言行违背了社会公认的规范时，员工就会依据社会交换规则而产生不公平感，进而消极影响员工的身心健康（Cortina, 2008）。Matta等（2014）虽然证实了情绪及公平在工作中的事件与员工反应之间起到中介作用，但并未对其中介效果进行比较，同时他们仅仅考察了员工的工作反应。因此，本章将基于情感事件理论和社会交换理论探讨消极情绪、感知交互公平在主管不文明行为与员工工作、生活之间的中介作用，并在此基础上考察情绪和认知这两种作用机制对员工工作及生活的影响差异，从而了解哪种视角更能解释主管不文明行为对下属工作、生活的影响效果。

　　基于上述阐述，依据情感事件理论和社会交换理论，以员工工作及生活满意度为落脚点，通过员工—同事配对、追踪调查，分别从员工情绪及认知两个视角考察主管不文明行为的作用过程。具体来说，以消极情绪及感知交互公平分别作为员工情绪及认知机制的代表性变量，考察并比较他们在主管不文明行为与工作满意度、生活满意度之间的中介作用。从理论角度来看，对此问题的探讨能更清晰地揭示主管不文明行为对员工工作及生活的作用机制以及每种作用机制的特定解释力，丰富职场不文明行为理论。从实践角度来看，对该问题的考察能够帮助企业认识到主管不文明行为对员工工作及生活的影响路径，从而更具针对性地改善员工的工作及生活满意度。本书的研究框架如图3-1所示。

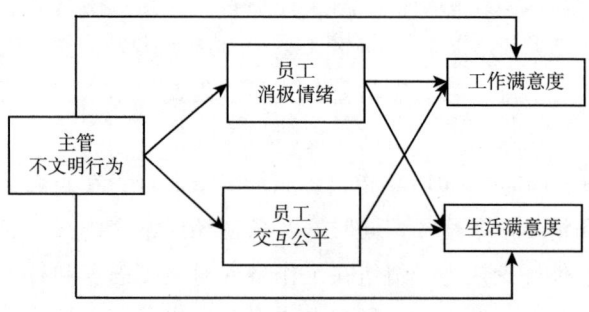

图3-1　研究框架

3.1 理论与假设

3.1.1 主管不文明行为与员工工作满意度、生活满意度

工作满意度作为员工对其工作及工作体验而产生的积极情绪状态（Locke，1976）。由于粗鲁及侮辱等不文明行为能够降低个体的归属感及竞争力，因而主管不文明行为阻碍了员工保持积极状态的欲望（Chen et al.，2013）。社会交换理论认为，员工倾向于回报组织及主管对其的厚爱，同时也会依据消极互惠规范来回应主管的不当对待（Bowler & Brass，2006）。中国组织情境的高权力距离及"上尊下卑"的文化传统，使受到不文明对待的员工为防止来自主管及组织的报复而避免采取针锋相对的行为，但必然会产生对工作的不满。与此同时，从领导—成员交换过程来看，受到主管不文明对待的员工往往属于主管的"圈外"成员，与"圈内"成员相比，"圈外"成员在获得升迁、报酬、信任、自主权、工作支持、工作资源等的机会更小，难度更大，因而满意度更低。

溢出作为个体在某一领域的感受流向另一领域的过程，因而溢出经常被用来解释工作—家庭如何相互影响（Carlson，2009）。基于此，Liu等（2013）指出，主管不文明行为作为一种人际压力导致员工社会资源受损，缺乏资源的员工不得不集中精力来处理工作中的各种事务，而这则牺牲了员工家庭生活时间。此外，员工一旦感知受到主管不文明对待，就会在家对自身言行举止进行反刍，即对不文明事件念念不休——反复念叨"为什么偏偏是我？"，从而损害了压力的恢复进程，进而降低员工的生活质量（Sonnentag et al.，2010）。Giumetti等（2013）指出，由于职场不文明行为能够通过提高交互神经系统的活动（如心率提高），降低副交互神经系统（如降低心率的变异性）等方式破坏自主神经系统的平衡进而损害员工的身心健康，从而降低关注家庭事务的动力。生活满意度作为个体对自身生活状态、生活条件的主观判断，从社会交换视角来看，由于上下级之间的权力差距，使受到不文明对待的员工不大可能在职场产生针锋相对的行

为，而是将工作中的挫折感弥漫至生活之中，从而降低生活满意度。因此，本章提出如下假设：

H3-1：主管不文明行为对员工的工作满意度（a）和生活满意度（b）有负向影响。

3.1.2 消极情绪的中介作用

消极情绪作为个体陷于心情低落和不愉快境地而产生的主观体验，包括愤怒、厌恶、内疚、恐惧、紧张等各种令人厌恶的情绪感受（Waston，1988）。情感事件理论认为，工作中的事件是诱发员工情绪的直接原因，当期待的事件违背了个体的期望，消极情绪就会产生。从另一个角度来看，情感事件理论的产生机制是情绪的认知评价机制，因此员工在与不文明主管的交互过程中，就会消耗认知资源来努力思考主管的真实意图以及事件与自身目标的一致性，以决定是否回应主管的不文明行为，并对与主管之间的关系感到焦虑，而这则会进一步诱发员工的消极情绪（Zhou et al.，2015）。Yang 和 Diefendorff（2009）指出，主管的一些不当行为会通过员工的评价机制而产生诸如愤怒、痛苦和怨恨等令人不悦的消极情绪。

消极情绪作为工作事件与个人目标不一致的信号，员工往往通过消极应对工作来缓解情绪的不利影响（李育辉等，2016）。Rusting 和 De Hart（2000）认为，由于心理一致性效应，情绪影响着个体对满意与否的判断。因而，工作事件特别是那些不良事件所引发的消极情绪会降低个体的人际沟通及工作绩效（Bagozzi，2003）。按照组织的情绪展示规则，员工应在组织内部压制自身的消极情绪，因而消极情绪无法在工作场所得到缓和。受工作家庭角色冲突的影响，员工在工作中所体验的压力影响着其解决家庭问题的能力（Kopelman et al.，1983），从而使其对家庭成员产生消极的情绪或行为，进而降低员工的幸福感（Martinez-Corts et al.，2015）。Michel 等（2008）指出，体验到消极情绪的员工由于缺乏与家庭成员互动的动力，其生活满意度会降低。

情感事件理论认为，员工所体验到的情绪在工作事件与其态度、行为之间扮演着中介角色。根据 Andersson 和 Pearson（1999）的观点，不文明

行为是否会螺旋升级依赖多个因素,其中一个关键因素就是对方是否体验到敌对情绪。因此,本章提出如下假设:

H3-2:员工消极情绪在主管不文明行为与工作满意度(a)和生活满意度(b)之间起到中介作用。

3.1.3 交互公平的中介作用

交互公平是指在人际互动中,员工所感知到人际对待的敏感性及提供的解释,强调主管对员工的应对态度以及向员工解释的正式决策程序(Bies & Moag,1986)。换句话说,公平与否不是来自与其交互的个体,而是来自自身对交互过程的认知评价。同时,Bies 和 Moag(1986)指出,交互公平作为反映双方社会交换质量的重要标志,主管如果不能尊重下属,考虑下属的需要,对下属以诚相待,下属的交互公平感就会下降。相对于西方国家而言,中国情境下的个体更注重彼此之间的关系,更容易在工作中夹杂个人情感,受到主管不当对待的员工在资源分配、工作结果的评定等方面均处于不利位置,因而主管不文明行为与员工感知交互不公的关系应更加强烈(Aryee et al.,2007)。Caza 和 Cortina(2007)在总结相关文献的基础上指出,关于公平与否的判断来自对主管或决策人士的评价,而同事的行为并不能对该判断造成影响,这表明自上而下的不文明行为能够导致员工对交互不公的感知。

社会交换过程强调彼此之间的互惠及回报,感知受到主管公平对待的员工就会保持积极的工作状态。由于来自外部的不当对待违背了行为的道德规范及互惠规范,因而受到主管消极对待的员工为恢复公正以及减少自身损失则倾向于以消极的方式回报主管。在中国组织情境中,由于主管与下属存在相当的权力距离,员工往往不会采取直接的破坏行为,但会对其心理状态产生消极影响。同时,不公平感妨碍了员工目标的实现,导致员工缺乏工作、生活所需的各种资源,进而增加员工的情绪耗竭和工作—家庭冲突(Greenbaum et al.,2014)。此外,由于存在角色冲突,不公平的政策与实践会扰乱员工的家庭生活,因此 Judge 和 Colquitt(2004)指出,交互公平感会降低员工的工作—家庭冲突。

适应负荷模型认为,个体会通过自我认知平衡系统来应对各种压力及挑战（Ganster & Rosen，2013）。由于主管违背了相互尊重的交换规范，因而员工会通过自身认知系统来回应该压力，从而导致员工的不公平感，不公平感将使员工处于痛苦的心理状态（Ogunfowora，2013）。简言之，基于"压力—认知—后果"的交换视角，可以认为主管不文明行为作为员工工作及生活的压力源，使员工感知受到不公平对待，从而更容易导致对工作及生活的不满。因此，本章提出如下假设：

H3-3：员工感知交互公平在主管不文明行为与工作满意度（a）和生活满意度（b）之间起到中介作用。

3.1.4 情绪和公平中介作用的差异

上述阐述论证了消极情绪和感知交互公平分别通过情感事件和社会交换机制在主管不文明行为与员工工作、生活满意度之间发挥着中介作用，但主管不文明行为与员工工作及生活满意度之间，情绪和认知的中介机制可能具有差异性。Lim and Lee（2011）的研究结果表明，主管不文明行为对员工的工作及生活均产生影响，但并未探讨主管不文明行为对员工工作及生活影响的差异。通过探讨主管不文明行为对员工工作及生活的影响机制，了解情感事件机制、社会交换机制在主管不文明行为对员工工作、生活影响的相对解释力，从而有针对性地改善员工工作、生活满意度，确保员工工作、生活两不误。从已有文献来看，非理性情绪及理性认知的驱动受情境因素的制约，因此本书认为，员工对工作及生活认识的差异，导致主管不文明行为与员工工作及生活满意度之间，情绪和认知的中介效果也应有所差别。

社会交换作为一种利益互惠机制，体现了个体的理性认知动机。主管不文明行为作为重要的社会工作压力提高了员工对工作的要求，消耗了员工的资源。为维持资源的平衡，员工就会改变其工作态度或行为来维持其与主管的互惠规范。由于职场行为具有明确的职场规范，因而员工与主管的交换过程一般通过认知途径而不是情绪来引导其工作态度（Loi et al.，2009）。大量的实证研究表明，公平感与工作满意度关系密切（Ambrose & Schminke，2009）。此外，在职场中无论员工的情绪如何，其必须在既定的游戏规则下完成相应的工作任务，因而员工的工作状态受情绪的影响则较少。鉴于此，员工对工作的体验主要来源于其对工作的认知。因此，本章提出如下假设：

H3-4：在主管不文明行为与工作满意度之间，员工交互公平的中介作用强于消极情绪。

与工作满意度不同的是，生活满意度强调的是个体在生活中的心理快乐程度（Veenhoven，1991）。Schwarz 和 Clore（2007）指出，个体往往依赖情绪体验来判断其生活满意与否，因而积极情绪是个体美好生活的象征。依据情感事件理论，情绪虽然会诱发个体的反应，但该反应却具有针对性，即个体根据其行为的成本及后果而呈现相应的反应（孙旭等，2014）。从情感事件视角来看，个体所体验的消极情绪导致其处于情绪耗竭状态，由于存在溢出效应，多数关于情绪耗竭的研究都探讨了其对员工身心健康的不利影响（Huang，2015），此外，相对于工作场所需要遵守相应的职场规范而言，生活之中的个体更注重彼此之间情感的交流，同时对员工的情绪抚慰往往需要家庭成员的参与，因而员工的生活满意与否主要来源其情绪。因此，本章提出如下假设：

H3-5：在主管不文明行为与生活满意度之间，员工消极情绪的中介作用强于交互公平。

3.2 研究设计

3.2.1 变量的测量

基于文献研究和本书的理论模型，本书主要涉及的潜变量有主管不文明行为、消极情绪、交互公平、工作满意度和生活满意度。根据 Churchill（1979）的量表设计原则，其操作性定义及计量指标如下。

（1）主管不文明行为。

在本书中，把主管不文明行为定义为主管针对下属的伤害意图模糊、不顾及他人、违背职场规范的低强度职场偏差行为。根据 Cortina 等（2001）所开发的 7 个题项职场不文明行为将实施主体改为主管，具体题项如表 3-1 所示，测量采用 5 级 Likert 量表，其中，"1"代表非常不同意；"2"代表比较不同意；"3"代表不确定；"4"代表比较同意；"5"代表非常同意。

表 3-1　　　　　　　　主管不文明行为测量量表

变量名	编号	问项	参考来源
主管不文明行为	SI1	主管轻视或用高高在上的态度对待你	Cortina et al.(2001)
	SI2	主管对你的观点视而不见或对你的意见漠不关心	
	SI3	主管对你存在侮辱或贬损的评论	
	SI4	在公开或私下的场合里，主管会不顾你的感受纠正你的不专业的措辞	
	SI5	主管会忽视你或将你排除在职场同事关系之外	
	SI6	主管对你在工作中作出的判断表示不信任	
	SI7	主管会试图和你谈论与工作无关的话题	

（2）消极情绪。

消极情绪作为员工在工作过程中所体验到的一系列特定的消极情绪反应，具体表现形式包括压力、痛苦、焦虑、沮丧。根据 Wong 等（2006）所开发的消极情绪测量量表改编而成。对员工消极情绪的测量采取 5 级 Likert 量表，具体题项如表 3-2 所示。

表 3-2　　　　　　　　消极情绪测量量表

变量名	编号	问项	参考来源
消极情绪	NA1	我的工作让我感到很有压力	Wong et al.(2006)
	NA2	我的工作让我感到非常痛苦	
	NA3	我的工作让我感到很焦虑	
	NA4	我的工作让我感到很沮丧	

（3）交互公平。

交互公平作为在与主管交往过程中，员工感知受到主管公平对待的程度。对员工感知主管交互公平的测量采用 Colquitt（2001）开发的 4 题项交互公平测量量表，测量采用 5 级 Likert 量表，具体问项如表 3-3 所示。

表 3-3　　　　　　　　交互公平测量量表

变量名	编号	问项	参考来源
交互公平	IJ1	在与主管的交互过程中,他/她会考虑我的尊严	Colquitt (2001)
	IJ2	在与主管的交互过程中,他/她会礼貌待我	
	IJ3	在与主管的交互过程中,他/她会尊重我	
	IJ4	在与主管的交互过程中,他/她会有意识地避免发表不恰当的言论或评论	

(4) 工作满意度。

工作满意度作为员工对其工作或工作经历而产生的一种积极的情绪状态,具体包括员工对其工作中的工作本身、主管、同事、薪酬、晋升以及总体满意度状况。对工作满意度的测量采用 Tsui 等（1992）开发的 6 题项量表,测量采用 5 级 Likert 量表,具体问项如表 3-4 所示。

表 3-4　　　　　　　　工作满意度测量量表

变量名	编号	问项	参考来源
工作满意度	JS1	我对目前的工作性质非常满意	Tsui et al. (1992)
	JS2	我对我和直属上司之间的关系非常满意	
	JS3	我对我和同事之间的关系非常满意	
	JS4	我对工作报酬非常满意	
	JS5	我对单位的晋升机会非常满意	
	JS6	考虑所有情况后,我对目前工作非常满意	

(5) 生活满意度。

生活满意度作为员工在与环境相互作用过程中,对于目前生活水平的看法。这一概念包括两个重要因素：一是员工生活状况的标准；二是员工对生活状况的主观知觉。对生活满意度的测量采用 Diener 等（1985）开发的 5 题项量表,测量采用 5 级 Likert 量表,具体问项如表 3-5 所示。

此外,在控制变量的选择方面,Chen 等（2013）在探讨职场不文明行为作用机制的研究中将员工的年龄、性别和工作年限作为控制变量。另外,员工的婚姻状况可能会对其生活满意度产生影响。因此,本书将员工的性别、年龄、婚姻状况及工作年限作为控制变量处理。具体编码如下：在性别上,①男性；②女性。在年龄上,由小到大依次为：①25 岁及以下；②26~29 岁；③30~39 岁；④40~49 岁；⑤50 岁及以上。在婚姻状况上，①未婚；②已婚。在工作年限上，由低到高依次是：①5 年及以下；②6~10 年；③11~20 年；④20 年以上。

表 3-5　　　　　　　　　　生活满意度测量量表

变量名	编号	问项	参考来源
生活满意度	LS1	我的生活在很多方面都接近理想状态	Diener et al. （1992）
	LS2	我的生活条件很不错	
	LS3	我对我的生活很满意	
	LS4	到目前为止，我已经得到了生活中对我而言很重要的东西	
	LS5	目前我认为我的生活几乎没有什么是需要改变的	

3.2.2　调查方法的选择

本章在调研过程中对主管不文明行为、消极情绪、交互公平、工作满意度及生活满意度等潜变量的调查使用问卷调查法。为控制共同方法偏差，我们采用了员工—同事配对、追踪的方式来搜集数据。具体来说，在时间点 1 由同事评价主管对员工的不文明行为，被试本人对消极情绪、感知与主管的交互公平及其人口统计学变量进行测评；在时间点 1 后的 1 个月，由被试本人对其工作满意度、生活满意度进行测评。除了一些人口学、组织学变量之外，量表均采用 5 级 Likert 量度，5 个备选答案从"1"代表非常不同意到"5"代表非常同意。同时为了使被试进行更加深入的思考，以减少认知误差。

由于上述问卷全部采用西方学者研究中的经典量表，为了确保中国情境下这些量表测量的信度和效度，我们首先对英文量表经过 2 轮英汉互译，形成了初始量表。之后邀请 2 名组织行为专业教授、2 名人力资源管理专业博士生及 2 名企业员工进行了一小时左右的深度访谈，对原始量表中某些有歧义、模糊的问项作了进一步修正，并对问项的表述进行了中文化。同时对整个问卷进行预测试，反复修改、删除表达不清的问项，并向被调查者追求关于问卷填写等方面的意见。通过小规模访谈及问卷前测试对本调查问卷进行修正，最后形成正式的调查问卷。

3.2.3 小规模访谈

在本次调研过程中，为提高测量量表的内容效度，发放了15份初始问卷对量表进行了初步测试。发放对象包括5名博士生、5名硕士生及5名企业员工。在访谈过程中，我们告知被调查者研究的内容、各变量的内涵及相互关系，请其提出建议。在访谈过程中，被调查者针对调查问卷的总体设计、测量问项的语义表达等问题给出了建议。在小规模访谈的基础上，对调查问卷的测量、问项的表达等进行了完善。

3.2.4 问卷预调查

为了检测量表的可行性和可理解度，确保正式调查工作的顺利进行，在正式调查之前对问卷进行预调查，以便对问卷进行修正和调整。本章对南昌的5家企业的员工及其同事现场发放了120份问卷，回收问卷120份。同时，与25名问卷应答者进行了面谈，向他们了解对问卷的看法。根据问卷的填答情况和面谈结果对问卷进行了一些调整，主要是对容易引起混淆和歧义及不易理解的地方做些修改，使问卷更适合我国的实际情况，更易于理解。修正后的问卷用于随后的正式调查。

3.3 数 据 收 集

本章的调查对象来自华东某省的10余家企业，这些企业涉及通讯、金融、制造、房地产等行业。

3.3.1 问卷正式调查

为控制共同方法偏差，我们采用了员工—同事配对、追踪的方式来搜集数据。具体来说，在时间点1由同事评价主管对员工的不文明行为，被试本人对消极情绪、感知与主管的交互公平及其人口统计学变量进行测评;在时间点 1 后的 1 个月,由被试本人对其工作满意度、生活满意度进行测评。为提高问卷的填写质量,研究人员在人力资源部门的帮助下,以现场发放、回收的方式进行调查,问卷回收率为 100%。由于本次调研采取的是员工—同事两阶段配对调研的方式,本章采取了严格的问卷删选方式,只要是任何一方的数据存在不合理之处,就都将予以剔除。包括:

(1) 回答不完整的问卷。虽然少量的信息缺失可以通过统计方法进行处理,但为了保证研究结论的可靠性,对于填答中信息缺失较多的问卷进行了剔除。

(2) 回答不认真的问卷。对具有明显倾向性、规律性回答的问卷,如答案呈 "S" 形分布的答卷,予以剔除。同时,我们在问卷中设置了一道反方向问题,通过正反问题回答信息的对比,对具有明显问题的问卷也予以剔除。

通过上述步骤,在发放的 480 份问卷中,剔除了空白过多、反应倾向过于明显的问卷,最终得到 449 份有效匹配问卷。

3.3.2 研究方法

根据本章的研究目的和研究假设,利用 SPSS 15.0 和 Amos 7.0 统计分析软件对调查数据进行分析。首先,利用 SPSS 15.0 分析员工的人口学变量;其次,利用 SPSS 15.0 通过 Cronbach's α 系数检验测量量表的信度;再次,利用 Amos 7.0 采用验证性因子分析(使用极大似然估计)对数据进行分析,以确定各变量的区分效度及聚合效度;最后,本书研究的核心是探讨消极情绪与交互公平在主管不文明行为与员工工作及生活满意度关系中解释力的差异。与传统分别检验变量中介效果的方法相比,Preacher 和 Hayes(2008)提出的并列中介效应检验方法考虑了中介变量的内在关联,因而研究结果更加准确。具体分析步骤为:使用层级回归方法分别建立工作满意度及生活满意度对主管不文明行为的回归方程,检验假设 H3-1、假设 H3-2 及假设 H3-3,若假设 H3-2 及假设 H3-3 成立,则通过 bootstrapping 估计它们间接效应差值在 90% 水平下偏差校正的置信区间,从而判断中介效应是否存在显著差异。

3.4 数据分析

3.4.1 被试信息

本次调研共收到449份有效问卷,员工样本的基本信息如表3-6所示。这些数据表明样本具有较高的代表性,可以满足本章研究的样本需要。

表3-6 样本基本信息一览表

项目	类别	频次	比例(%)
性别	男	259	57.7
	女	190	42.3
年龄	25岁及以下	79	17.6
	26~29岁	106	23.6
	30~39岁	130	29
	40~49岁	86	19.2
	50岁以上	48	10.7
婚姻状况	已婚	291	64.8
	未婚	158	35.2
工作年限	5年以下	161	35.9
	5~10年	134	29.8
	11~20年	105	23.4
	20年以上	49	10.9

3.4.2 信度和效度检验

首先,针对问卷的26个题项进行测项纯化。一般来说,对那些因子载荷小于0.5的题项,且删除此题项后Cronbach's α会增加的,则予以删除。利用SPSS 13.0对问卷进行检验,结果表明所有的题项都予以保留。其次,按照信度的评价方法,利用SPSS 15.0对问卷进行信度分析,即Cronbach's α 系数。主管不文明行为、消极情绪、交互公平、工作满意度及生活满意度 5 个潜变量 Cronbach's α 系数分别是 0.903、0.784、0.859、0.899 和 0.804。结果表明,所有潜变量的 Cronbach's α 系数均大于可接受的最小临界值(0.7),这表明变量的测量具有较好的信度。

由于本章所使用的量表均为国外研究中的经典量表,许多量表已经在国内多项研究中使用过,加之,在量表的开发过程中,本章邀请了相关人士对构念及相应的题项进行了修正,因此,问卷具有较高的内容效度。采用验证性因子分析(使用极大似然估计)对正式调查获得的数据进行分析,以考察并确认各变量的区分效度和聚合效度,结果如表 3-7 所示。根据 Medsker 等(1994)的建议,采用 χ^2/df、GFI、NFI、IFI、CFI 和 RMSEA 来说明模型的拟合情况。由表 3-7 可知,七因子模型与实际数据拟合得较为理想,RMSEA 低于 0.050,GFI、NFI、IFI、CFI 都高于或接近 0.900,χ^2 与自由度的比值小于 3,说明研究模型中涉及的 7 个潜变量具有良好的区分效度,它们是 5 个独立的构念。之后,利用 Amos 7.0 软件进行验证性因子分析,结果表明,各个观测变量在相应的潜变量上标准化载荷系数均在 0.5 以上,并小于 1,而且因子载荷的 t 值从 7.672 到 18.562,全部通过了 t 检验,在 P < 0.001 的水平上显著。这说明本书的各变量具有充分的聚合效度。

表 3-7　概念区分性的验证性因子分析的结果(N = 449)

模型	所含因子	χ^2/df	NFI	TLI	CFI	RMR	RMSEA
模型 1	单因子	10.209	0.516	0.500	0.540	0.114	0.143
模型 2	三因子:主管不文明行为;消极情绪 + 交互公平;工作满意度 + 生活满意度	5.074	0.762	0.779	0.799	0.080	0.095
模型 3	五因子	2.421	0.891	0.923	0.933	0.049	0.056

3.4.3　共同方法偏差检验

虽然本章研究的主管不文明行为由同事测量,但考虑到消极情绪、交互公平、工作满意度及生活满意度为同源数据，可能存在共同方法偏差。本章使用两种方法进行检验。首先，Harman 单因子检验结果表明，将主管不文明行为、消极情绪、交互公平、工作满意度及生活满意度的测量题目进行未旋转的探索性因子分析，第一个因子仅解释了 33.08% 的方差解释率，低于 40%。依据 Podsakoff 等（1986）的观点，如果第一个因子方差解释率在 50% 以下，说明共同方法偏差问题不严重。且单维模型的数据拟合度很差（χ^2/df = 10.209，NFI = 0.516，TLI = 0.500，CFI = 0.540，RMR = 0.114，RMSEA = 0.143），表明不存在严重的共同方法偏差。其次，加入共同方法因子检验结果表明，尽管加入共同方法因子的数据拟合度（χ^2/df = 2.217，NFI = 0.909，TLI = 0.934，CFI = 0.948，RMR = 0.037，RMSEA = 0.052）优于五维模型（χ^2/df = 2.421，NFI = 0.891，TLI = 0.923，CFI = 0.933，RMR = 0.049，RMSEA = 0.056），但改善程度不大。因此，本章不存在严重的共同方法偏差。

3.4.4 变量的相关性分析

表 3-8 列出了各研究变量的均值、标准差和相关系数矩阵。结果表明，主管不文明行为与员工工作满意度（r = -0.46，p < 0.01）和生活满意度（r = -0.44，p < 0.01）均有显著负相关关系，同时主管不文明行为与员工消极情绪（r = 0.29，p < 0.01）及员工感知交互公平（r = -0.27，p < 0.01）两个中介变量也显著相关。对于两个中介变量而言，员工消极情绪与工作满意度（r = -0.31，p < 0.01）和生活满意度（r = -0.30，p < 0.01）呈显著负相关关系；员工感知交互公平与工作满意度（r = 0.42，p < 0.01）和生活满意度（r = 0.31，p < 0.01）呈显著正相关关系。

表 3-8 各研究变量的相关分析

	M	SD	1	2	3	4	5	6	7	8
1. 性别	1.42	0.50	1							
2. 年龄	2.82	1.24	0.01	1						
3. 婚姻状况	1.65	0.48	0.08	0.40**	1					
4. 工作年限	2.09	1.01	-0.01	0.55**	0.19**	1				

续表

	M	SD	1	2	3	4	5	6	7	8
5. 主管不文明行为	2.23	0.75	0.03	0.03	0.02	-0.03	1			
6. 消极情绪	2.25	0.70	0.02	-0.01	0.05	-0.03	0.29**	1		
7. 交互公平	3.11	0.88	-0.02	-0.01	0.01	0.04	-0.27**	-0.30**	1	
8. 工作满意度	3.21	0.85	-0.08	0.06	0.01	0.01	-0.46**	-0.31**	0.42**	1
9. 生活满意度	3.71	0.70	0.03	0.05	0.01	0.04	-0.44**	-0.30**	0.31**	0.56**

注：显著性水平 ** 表示 $p<0.01$。

此外，性别、年龄及工作年限等人口统计学变量与主要变量的相关性并不大，但为更准确地理解变量之间的关系，在接下来的回归分析中仍将人口统计变量作为控制变量处理。总体来看，相关分析的结果符合我们的理论预期，为接下来的假设检验提供了基础。

3.4.5 研究假设的检验

根据 Baron 和 Kenny（1986）检验中介效应的程序，中介效应成立需要满足以下 3 个条件：(1) 自变量对因变量有显著影响；(2) 自变量对中介变量有显著影响；(3) 在控制中介变量后，自变量对因变量的影响减弱或不显著。我们运用该方法检验假设 H3-1～H3-3，表 3-9 显示了检验结果。

回归分析结果表明，首先，在控制性别、年龄、婚姻状况、工作年限等人口统计学变量后，主管不文明行为对工作满意度（$\beta=-0.46$，$\rho<0.001$）和生活满意度（$\beta=-0.44$，$\rho<0.001$），均具有显著负向影响，满足了中介效应成立的第一个条件，也支持了假设 H3-1。其次，在控制人口统计学变量后，主管不文明行为对消极情绪（$\beta=0.29$，$\rho<0.001$）和交互公平（$\beta=-0.26$，$\rho<0.001$）这两个中介变量也具有显著影响，满足了中介效应成立的第二个条件。最后，当消极情绪、交互公平这两个中介变量分别进入方程 2 后，消极情绪（$\beta=-0.13$，$\rho<0.01$）和交互公平（$\beta=0.29$，$\rho<0.001$）对工作满意度均具有显著影响，但此时主管不文明行为对工作满意度（$\beta=-0.35$，$\rho<0.001$）的影响减弱，表明部分

中介效应成立，假设 H3-2a 及 H3-3a 得到支持。同样，当消极情绪、交互公平进入方程 4 后，消极情绪（$\beta = -0.15$，$p < 0.01$）和交互公平（$\beta = 0.18$，$p < 0.001$）对生活满意度均具有显著影响，但此时主管不文明行为对生活满意度（$\beta = -0.35$，$p < 0.001$）的影响减弱，表明部分中介效应成立，假设 H3-2b 及 H3-3b 得到支持。

表 3-9 回归分析结果

	消极情绪	交互公平	工作满意度		生活满意度	
			M1	M2	M3	M4
自变量						
性别	0.01	-0.01	-0.07	-0.07	0.04	0.05
年龄	-0.02	-0.02	0.11*	0.11*	0.07	0.07
婚姻状况	-0.06	0.06	-0.07	-0.02	-0.02	-0.02
工作年限	-0.01	0.04	-0.07	-0.08	-0.01	-0.02
主管不文明行为	0.29***	-0.26***	-0.46***	-0.35***	-0.44***	-0.35***
中介变量						
消极情绪				-0.13**		-0.15**
交互公平				0.29***		0.18***
R^2	0.09	0.08	0.21	0.33	0.20	0.26
ΔR^2				0.12***		0.06***
F	8.51***	7.43***	25.25***	31.01***	22.05***	22.17***

注：显著性水平 * 表示 $p < 0.05$，** 表示 $p < 0.01$，*** 表示 $p < 0.001$。

表 3-10 给出间接效应检验结果。在主管不文明行为对工作满意度的影响上，员工消极情绪和交互公平均有显著中介作用，其间接效用分别为 -0.04 和 -0.09，间接效应显著差异（90% 的校正偏差置信区间 = [0.01, 0.10]，不包含 0），假设 H3-4 得到支持。在主管不文明行为对生活满意度的影响上，员工消极情绪和交互公平均有显著中介作用，其间接效用分别为 -0.04 和 -0.05，但间接效应无显著差异（90% 的校正偏差置信区间 = [-0.03, 0.04]，包含 0），假设 H3-5 则未得到支持。

表 3-10　　　　　　　　间接效应比较结果

	Bootstrapping 估计	置信区间
职场不文明行为→消极情绪/交互公平→工作满意度		
总间接效应	-0.13	[-0.18, -0.08]
通过消极情绪的间接效应	-0.04	[-0.08, -0.01]
通过交互公平的间接效应	-0.09	[-0.13, -0.05]
总间接效应差异	0.05	[0.01, 0.10]
职场不文明行为→消极情绪/交互公平→生活满意度		
总间接效应	-0.09	[-0.13, -0.05]
通过消极情绪的间接效应	-0.04	[-0.07, -0.02]
通过交互公平的间接效应	-0.05	[-0.08, -0.02]
总间接效应差异	0.01	[-0.03, 0.04]

3.5 讨　　论

3.5.1 结果讨论

主管不文明行为消极影响着下属的工作及生活已被学术界所证实,但两者之间的作用机制如何,学术界并没有进行有效的考察,此外,主管不文明行为对员工工作及生活作用机制是否存在差异也没得到学术界的关注。基于此,本章以449份企业员工及其同事为研究对象对上述问题进行了考察,其结果具有一定的理论及现实意义。

首先,研究结果表明,消极情绪和交互公平在主管不文明行为与员工工作满意度、生活满意度的关系上均起到中介作用。已有的研究表明,个体不仅会对主管的不文明行为产生情绪反应,还会对不文明事件产生认知评价,但鲜有研究探讨其具体的作用机制。本章基于情感事件和社会交换理论,首次同时从情绪和认知两个视角考察并证实了员工消极情绪和交互公平在主管不文明行为与工作满意度和生活满意度之间的中介作用。研究结果表明,主管不文明行为会改变员工的主观体验,诱发员工的消极情

3 职场不文明行为对员工工作及生活的影响机制：基于主管的视角

绪，进而带来员工工作及生活满意度的变化，拓展了情感事件理论。另外，基于社会交换理论，引入员工感知交互公平，证实了认知机制在主管不文明行为与员工工作及生活之间的解释力。研究结果还表明，主管不文明行为无论是工作满意度还是生活满意度，消极情绪和交互公平都发挥着部分中介的作用，这表明情绪机制和认知机制均不能完全解释主管不文明行为对员工工作及生活的影响效果，在这两种作用机制之外，还存在其他内在作用机制。

其次，本章首次比较并证实了不同作用机制在主管不文明行为对工作及生活影响效果中的相对解释力。由于主管不文明行为对个体的影响机制不仅依赖员工由此产生的情绪效应，还依赖于员工对交换的认知评价，但研究者并未探讨这两种机制在员工工作及生活中的差异。本章的研究结果表明，消极情绪和交互公平均能解释主管不文明行为对员工工作及生活满意度的影响过程，但两者的具体作用机制存在差异。情绪作为个体对特定刺激物所产生的情感反应，其强调的是员工对该事件的体验。交互公平作为员工在与主管交互过程中是否受到公平对待的感知，其强调的是员工与主管互惠交换的认知过程。工作满意度作为员工感知实际所得与期望所得的差距，主管是影响这一差距的重要因素，同时工作作为一个按照既定的职场规范而进行交换的认知过程。因而，相对于情绪而言，交互公平对员工工作满意度的影响更大。然而，就主管不文明行为与生活满意度的关系而言，情绪和交互公平的解释力无显著差异，即交互公平的中介作用并不弱于消极情绪，这可能与中国组织情境下的领导—下属交换关系有关。虽然家庭成员的交互规范是以情感为基础，但由于中国组织情境的高权力距离，导致员工家庭分配所需的资源也受主管的制约，加之我国员工工作—生活的界限非常模糊，这使主管与员工的交换关系在影响员工工作满意度的同时，也在很大程度上决定着员工的生活满意度水平，因此，在主管不文明行为与员工生活满意度的关系上，交互公平与消极情绪的解释力度无显著差异。

本章探讨了消极情绪与交互公平在主管不文明行为与员工工作及生活满意度关系中的作用机制及解释力差异，具有以下实践意义：第一，主管不文明行为对员工的工作及生活满意度均有显著影响，说明主管不文明行为对员工的工作及生活来说都是一个严峻的问题。由于"快乐的员工最高效"，加之工作—家庭之间的相互渗透，意味着为提升员工的工作表现、改善员工的生活满意度。一方面应让主管了解不文明行为对员工的危害，营造一个以礼待人的工作氛围，从而减少主管的不文明行为；另一方面，在招聘、甄选等人力资源实践过程中有意识地选择那些具有低不文明倾向的员工担任主管，从源头消除主管的不文明行为。此外，组织应有针对性地实施员工援助计划，缓解主管不文明行为对员工工作及生活的不利影响。第二，消极情绪与交互公平在主管不文明行为与员工工作满意度及生活满意度之间解释力的差异，说明虽然工作—生活相互渗透，但工作满意度和生活满意度的形成路径却有所不同，这就要求主管依据组织的目标，更具针对性地改善员工的工作及生活满意度，从而有效发挥主管对员工工作及生活的诱导作用。

3.5.2 研究不足及未来研究展望

尽管本章对消极情绪与交互公平在主管不文明行为与员工工作及生活满意度关系中的解释力及差异进行了一定的探讨，但受研究条件限制，还存在一些缺陷需要在未来的研究中作进一步探讨：（1）受研究资源的限制，本章仅选择了华东某省的 10 余家企业作为调查样本，样本来源比较集中，研究结论是否能推广到其他地区有待进一步验证，为提高研究的外部效度，使研究结果更加充实，未来研究应收集更多地区的数据；（2）研究结果显示，消极情绪和交互公平在主管不文明行为与员工工作、生活满意度之间均发挥着部分中介作用，表明在这两种作用机制之外，还存在其他的内在动力机制。为更好地解释主管不文明行为对员工的影响效果，未来的研究应引入更多的中介机制，并比较这些机制的相对重要性；（3）虽然不同的动力机制影响着主管不文明行为对员工的作用效果，但这些动力机制影响效果的大小也受到员工特质和特定情境因素的制约，未来的研究将探讨这些变量在其中的交互作用，从而厘清不同作用机制边界条件的差异；（4）本章仅选择了性别、年龄、婚姻状况及工作年限四个常见人口统计学变量作为控制变量。然而主管不文明行为与辱虐管理等职场阴暗面行为存在一定的重叠，为使本书达到独特的研究效果，我们将在未来的研究中根据研究内容的差别选择相关职场阴暗面行为变量作为控制变量进行处理。此外，员工前期的工作、生活满意状况影响着其后期的满意状况，为使研究结果更加准确，我们将在未来的相关研究考虑前期满意度对后期满意度的影响。

4 职场不文明行为对员工离职倾向的影响机制：基于同事视角

近年来，随着员工工作压力的不断增大，使工作场所的人际关系更加敏感，加之受社会及组织的束缚，导致员工之间成为一种零和竞争关系。这些因素都直接或间接地对组织的和谐氛围造成了不良影响，进而导致工作场所阴暗面行为的产生。由于这些工作场所负面行为显著提高了组织及员工的运营成本，关于工作场所负面行为的研究正在与日俱增。但学者们关注的焦点是那些强度较大、伤害意图较为明显的负面行为，如暴力、攻击行为、工作场所越轨行为，而对那些强度较小、意图模糊，但在组织中却更为频繁发生的不文明行为没有予以足够的关注。

工作场所不文明行为是指通过言语或非言语行为对他人或目标低强度、目标模糊的越轨行为，具有低强度、模糊性及违背规范三个基本特征（Andersson & Pearson，1999）。典型的不文明行为包括贬损评论、敌意瞪眼、会议期间查收邮件、对他人的观点不感兴趣等（Porath & Pearson，2010）。工作场所不文明行为非常普遍，是职场最为常见的反社会行为（Harold & Holtz，2015）。Cortina 等（2001）研究表明，在美国将近3/4的被试在过去5年里至少遭受过1次工作场所不文明行为。来自中国、印度、日本、新加坡及韩国的数据表明，77%的被试在过去一年里至少遭受到来自主管或同事的不文明行为（Yeung & Griffin，2008）。由于领导一直是管理学领域的热门研究课题，导致当前关于工作场所不文明行为研究的视角主要是以领导—下属二元关系为出发点，而忽视了同事在其中的影响，此外，相对于领导不文明行为，同事不文明行为更为普遍。基于此，本章将探讨同事不文明行为对员工的影响。

由于员工的离职行为显著提高了企业的运营成本，这使员工的离职问题已成为制约企业发展的"瓶颈"。当前，大量研究从薪酬、工作压力、晋升和培训等因素讨论员工的离职意愿（李晓艳和周二华，2012）。Price 的离职模型指出，个体之间关系的不和谐是导致员工离职的重要原因。不文明行为虽然意图模糊、表现形式较为温和，但由于不文明行为的"污染效应"，导致整个组织处于不和谐的氛围之中。同时对于组织来说，关注员工的离职倾向比关注员工的离职率更具实际意义。因此，本章将研究同事不文明行为对员工离职意愿的影响机制。

工作行为的情绪中心模型认为，当员工遭遇到不愉快的事情之后，员工就会体验到消极情绪，进而就会产生损害组织目标的行为（Spector & Fox，2002）。因此，情绪在工作事件向员工行为的转化过程中处于重要地位。同事不文明行为作为员工感知来自受到同事的不公平对待，由于员工期望的行为与实际行为之间的不一致，导致员工会体验到多种令人不悦的消极情绪，消极情绪若得不到合理的疏导，就可能会进一步影响员工的行为（王宇清，2012）。情感事件理论认为，工作中的事件会诱发个体产生相应的情感反应，进而对个体的态度及行为产生影响。因此，本章以情感事件理论为基础，探讨员工消极情绪在同事不文明行为员工离职意愿之间的中介作用。

依据资源保存理论，人们具有努力获取、保留、保护和促进有价值资源的动机，并最大限度地减少资源损失的任何威胁，以达到资源的平衡。在面对同事不文明行为过程中，员工是否会表现出消极的情绪，取决于员工在面对同事不文明行为时所损耗的资源及通过各种渠道获得的资源能否维持平衡。在面对同事不文明行为的过程中，员工为维持资源的平衡，就会向第三方求助。若获得了组织的支持，则减少了员工内在资源的耗损，此时员工的消极情绪应有所缓解。所以本章依据资源保存理论，探讨组织支持感在同事不文明行为与员工消极情绪之间的调节作用。

基于上述阐述，本章将结合情感事件理论及资源保存理论，探讨同事不文明行为影响员工离职意愿的过程中，考察消极情绪的中介作用以及组织支持感的调节作用，以期为相关组织应对及消除同事不文明行为对员工的影响提供建议。本章的理论模型如图 4-1 所示。

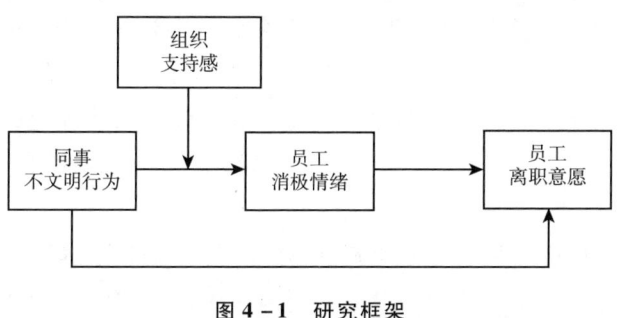

图 4-1 研究框架

4.1 理论基础和研究假设

4.1.1 理论基础

（1）情感事件理论。

情感事件理论是由 Weiss 和 Cronpanzano（1996）提出来的，该理论旨在利用工作事件—情绪—态度及行为的研究范式解释员工在工作中情绪反应的结构、影响因素及后果。情感事件理论认为，工作环境状态导致工作事件的发生，工作事件则是引发员工情绪的直接原因，而员工的情绪既可以直接驱动其行为，也可通过工作态度间接驱动其行为。例如，长期的消极情绪导致员工工作满意度及组织承诺的下降，进而诱发员工的离职行为（Weiss，2002）。

情感事件理论明确阐述了工作满意度与情绪之间的联系与区别，认为尽管工作满意度包括情绪成分，但主要还是一种对工作的认知评价，是一种与工作相关的态度；员工的表现不仅受到认知过程的影响，也受到情绪反应的影响；员工的情绪反应不是由事件本身所决定，而是由对事件的认知评价所决定（段锦云，2011）。情感事件理论认为员工在工作中的反应不是由态度和行为所决定的，而由工作中的情绪所制约，该理论为探讨情绪在工作场所的作用机制指出了新的研究思路（张秀娟等，2008）。

情感事件理论逐渐成为分析工作中工作环境对员工态度、行为影响的有效工具。在营销领域一些学者采用情感事件理论来分析在服务接触中顾客的不公行为（张秀娟等，2008）、顾客抨击（Rupp & Spencer，2006）、顾客需求（Cano et al.，2009）等对员工的影响。在本书的研究背景下，情感事件理论能帮助我们了解服务员工情绪劳动、工作反应的形成机理，从而可以作为本书研究的一条理论方法主线。

（2）资源保存理论。

资源保存理论由 Hobfoll 在 1989 年提出，用来解释个体心理压力的形成过程以及心理压力对个体身心健康的影响（Hobfoll，1989；2001）。该理论将资源定义为个体有价值的实体资源、状况、个人特征及能量，或者是实现这些资源的手段。这里的资源包括 4 类：①实体资源：指有价值或是稀缺的资源；②状况：指价值视各人重视程度而定的资源；③个人特征：指可帮助个人抗拒压力的个人倾向，如自尊、工作能力等；④能量：指可帮助个体获得其他资源的资源，又可分为内在能量与外在能量两类（吴宗佑，2003）。

资源保存理论认为人们具有努力保留、维持及建设所珍惜资源的动机（Hobfoll & Shirom，2001），因而，人们总是努力、获取、保留、保护和促进有价值的资源，并最大限度地减少资源损失的任何威胁，以达到资源的平衡。同时，Hobfoll 和 Freedy（1993）指出，个体对资源的投入是为了避免资源的损失；对资源获得的满足感远小于同等资源损失所造成的失落感。资源保存理论认为，由于人的资源是有限的，如果资源得不到补偿，就会出现资源的失衡，员工就会在工作中表现出情绪枯竭和压力等状态；如果资源得到补偿，员工的资源就会处于平衡状态，就会继续表现出组织需要的行为。

4.1.2 同事不文明行为对员工消极情绪及离职意愿的影响

情绪作为个体的主观体验，工作行为中的情绪中心模型认为，职场事件是诱发员工情绪的直接原因。依据情绪的认知评价理论，当员工感知到来自同事的压力时，就会通过对压力的评估而产生特定的情绪反应。早期的研究表明，工作中的积极事件，如与同事之间的良性互动能够改善员工的积极情绪（Nielsen et al.，2000）；而消极事件，如辱虐管理则会诱发员工的消极情绪（Mayer et al.，2012）。Pearson 等（2001）的研究发现，受到同事诸如粗鲁、贬损等不文明对待的员工会体验到郁闷、失望、愤怒等消极情绪。Lim 等（2008）指出，来自同事的不文明行为能够负向影响员工的愉悦感及舒适感。Sakurai 和 Jex（2012）的实证研究结果也表明，同事不文明行为正向影响员工的消极情绪。

从社会交换角度来看，个体通常将其与他人的关系看成社会交换关系，在此交换过程中人们最惧怕被他人所利用而无法实现互惠交换。受互惠规范的约束，经常受到同事不文明对待的员工离职是其最直接、有效的逃避方式。Andersson 和 Pearson（1999）指出，处于不文明氛围中的员工感受不到工作的乐趣，从而产生离职意愿。Pearson 等（2000）的研究发现，在美国 12% 的员工在受到不文明对待后选择离职。Cortina 等（2001）的研究发现，员工受到不文明对待的频率正向影响其离职意愿。李燚（2014）的实证研究也表明，工作场所不文明行为正向影响员工的离职意愿。Gallus 等（2014）也指出，员工在工作中体验到的不文明行为的程度正向影响其离职意愿。

情感事件理论认为，个体情绪不仅通过态度对行为产生影响，也直接影响着行为。情绪认知评价理论认为，个体的情绪反应会进一步影响个体后续的行为反应。因此，处于消极情绪的员工，经过认知及评估，可能通过离职等行为来消化这些消极情绪。Chen 和 Spector（1992）指出，愤怒、挫折等消极情绪是离职、破坏、辱虐等行为的诱因。Matta 等（2014）的实证研究表明，员工的消极情绪正向影响包含离职等行为的反生产行为。从资源保存理论的视角来看，当员工的消极情绪在一定时期内得不到好转时，就可能通过离职来保护自身的资源，因此我们提出如下假设：

H4-1：同事不文明行为正向影响员工的消极情绪；

H4-2：同事不文明行为正向影响员工的离职意愿；

H4-3：员工消极情绪正向影响其离职意愿。

4.1.3 消极情绪的中介作用

情感事件理论认为，工作中的事件都会诱发员工的情绪变化，进而导致员工行为的变化，其核心观点是情绪在工作事件与员工行为反应之间起到中介作用。Chi 等（2013）的研究表明，员工消极情绪状态在工作消极事件与员工越轨行为之间起到中介作用。Bunk 和 Magley（2013）的研究也表明，工作场所不文明行为通过消极情绪对员工偏差行为产生影响。

Porath 和 Pearson（2012）的研究结果表明，员工的恐惧在工作场所不文明行为与离职之间起到中介作用。因此我们提出如下假设：

H4-4：消极情绪在同事不文明行为与员工离职意愿之间起到中介作用。

4.1.4 组织支持感的调节作用

社会支持是个体从其他方面得到的关注、尊重和帮助，社会支持的来源很广泛，包括亲友、领导、同事或团队成员等。Sarafino（1997）指出社会支持能缓解压力源的负面效应，有益于创造一个积极的工作环境。组织支持感是指员工感受到的组织重视自己的贡献并关注其福利的程度，也属于社会支持的范畴。Wang 等（2013）的研究表明，组织支持感作为员工的保护性资源，能够缓解消极事件对员工的影响。依据资源保存理论的观点，组织作为员工外在资源的提供者，能够帮助员工获得所需的资源。因此，在面对同事不文明对待的过程中，高组织支持感的员工拥有足够的资源调节自身的情绪，进而减少消极情绪感受；反之，低组织支持感的员工由于缺乏资源，则更容易产生消极情绪感受。因此我们提出如下假设：

H4-5：组织支持感能够削弱同事不文明行为与员工离职意愿的正向联系。

结合上述假设所涉及的关系，本章进一步预期，组织支持感对同事不文明行为与员工消极情绪之间关系的调节可能会改变同事不文明行为通过消极情绪进而对员工离职倾向产生的间接效应。在组织支持感较高的情况下，同事不文明行为与消极情绪之间的关系较弱，同事不文明行为通过消极情绪的中介作用对员工离职倾向产生的间接效应进而会减弱。而在组织支持感较低时，同事不文明行为与消极情绪之间的关系较强，消极情绪所中介的同事不文明行为对员工离职倾向的间接影响应会相应变强。因此，我们提出如下假设：

H4-6：组织支持感会调节同事不文明行为对消极情绪与员工离职倾向之间关系的中介作用。组织支持感越高，这一中介作用越弱，反之则越强。

4.2 研究设计

4.2.1 变量测量

基于文献研究和本章的理论模型,本章主要涉及的潜变量有同事不文明行为、消极情绪、离职倾向和组织支持感。根据 Churchill(1979) 的量表设计原则,其可操作性定义及计量指标如下。

(1) 主管不文明行为。

在本章中,把同事不文明行为定义为同事针对其他员工的伤害意图模糊、不顾及他人、违背职场规范的低强度职场偏差行为。根据 Cortina 等(2001) 所开发的 7 个题项职场不文明行为将实施主体改为同事,具体题项如表 4-1 所示,测量采用 5 级 Likert 量表,其中,"1"代表非常不同意;"2"代表比较不同意;"3"代表不确定;"4"代表比较同意;"5"代表非常同意。

表 4-1　　　　　　　主管不文明行为测量量表

变量名	编号	问项	参考来源
同事 不文明行为	CI1	同事轻视或用高高在上的态度对待你	Cortina et al. (2001)
	CI2	同事对你的观点视而不见或对你的意见漠不关心	
	CI3	同事对你存在侮辱或贬损的评论	
	CI4	在公开或私下的场合里,同事会不顾你的感受纠正你的不专业的措辞	
	CI5	同事会忽视你或将你排除在职场同事关系之外	
	CI6	同事对你在工作中作出的判断表示不信任	
	CI7	同事会试图和你谈论与工作无关的话题	

(2) 消极情绪。

消极情绪是员工在工作过程中所体验到的一系列特定的消极情绪反应,具体表现形式包括伤心、失望、遗憾、生气。根据 Price 等(2006)

所开发的消极情绪测量量表改编而成。对员工消极情绪的测量采取 5 级 Likert 量表，具体题项如表 4-2 所示。

表 4-2　　　　　　　　　消极情绪测量量表

变量名	编号	问项	参考来源
消极情绪	NA1	我的工作让我感到很伤心	Price et al. (1995)
	NA2	我的工作让我感到非常失望	
	NA3	我的工作让我感到很遗憾	
	NA4	我的工作让我感到很生气	

(3) 离职倾向。

离职倾向是员工自愿离开现有组织的内在心理倾向。由于员工实际的离职行为受到许多外在因素的影响，比离职倾向更难预测，因此许多学者提出，离职倾向是离职行为的最佳预测变量，认为研究离职问题的关键在于分析离职倾向产生的机理（Kraut, 1975; Mobley, Griffeth & Hand et al., 1979; Miechaels & Spector, 1982）。对员工离职倾向的测量采用 Konovsky 和 Cropanzano (1991) 所开发的 3 题项量表，测量采用 5 级 Likert 量表，具体问项如表 4-3 所示。

表 4-3　　　　　　　　　离职倾向测量量表

变量名	编号	问项	参考来源
离职倾向	TI1	我很有可能在下一年积极寻找一份新的工作	Konovsky & Cropanzano (1991)
	TI2	我经常有离开现在的组织、放弃这份工作的想法	
	TI3	如果有可能，我非常想获得一份新的工作	

(4) 组织支持感。

组织支持感作为员工对组织重视自己的贡献并关注其福利状况的全面看法。组织支持感意味着员工对组织能够给予其支持程度的一种期望，期望组织在员工未来生病、犯错误、具有卓越绩效时能够善待自己，同时也期待组织愿意为其支付公平的报酬、赋予工作意义和乐趣。对组织支持感的测量采用 Tsui 等 (1992) 开发的 6 题项量表，测量采用 5 级 Likert 量表，具体问项如表 4-4 所示。

表 4-4　　　　　　　　　工作满意度测量量表

变量名	编号	问项	参考来源
组织支持感	POS1	领导会在我遇到私人麻烦时会对我施以援手	Cheng et al.（2003）
	POS2	领导会很乐意倾听我在工作中遇到的麻烦	
	POS3	领导认可我在工作中作出的卓越成就	
	POS4	当我犯错误时，领导很乐意给予我改正的机会	

此外，在控制变量的选择方面，Chen 等（2013）在探讨职场不文明行为作用机制的研究中将员工的性别、教育程度和工作年限作为控制变量。另外，员工的婚姻状况可能会对其生活满意度产生影响。因此，本章将员工的性别、年龄、婚姻状况及工作年限作为控制变量处理。具体编码如下：在性别上，①男性；②女性。在教育程度上，由低到高依次为：①高中或中专以下；②高中或中专；③大专；④本科；⑤硕士及以上。在婚姻状况上，①未婚；②已婚。在工作年限上，由低到高依次是：①3 年以下；②3～5 年；③6～10 年；④10 年以上。

4.2.2　调查方法的选择

本章在调研过程中对同事不文明行为、消极情绪、组织支持感、离职倾向等潜变量的调查使用问卷调查法。为控制共同方法偏差，本章采用了追踪调查的方式来搜集数据，间隔时间为两周。在时间点 1 测量人口学变量、同事不文明行为、消极情绪及组织支持感；在时间点 2 测量员工的离职意愿。为保证研究被试有最大的变异性，调查参与者主要来自在职 MBA 学员及研究者的熟人。同时为了保证员工前后所填问卷的配对，我们给每套问卷编制了相应的代码。除了一些人口学、组织学变量之外，量表均采用 5 级 Likert 量度，5 个备选答案从"1"代表非常不同意到"5"代表非常同意。同时为了使被试进行更加深入的思考，以减少认知误差。

由于上述问卷全部采用西方学者研究中的经典量表，为了确保中国情境下这些量表测量的信度和效度，我们首先对英文量表经过 2 轮英汉互译，形成了初始量表。之后邀请 2 名组织行为专业教授、2 名人力资源管理专业博士生及 2 名企业员工进行了一小时左右的深度访谈，对原始量表中某些有歧义、模糊的问项作了进一步修正，并对问项的表述进行了中文化。同时对整个问卷进行预测试，反复修改、删除表达不清的问项，并向被调查者追求关于问卷填写等方面的意见。通过小规模访谈及问卷前测试对本调查问卷进行修正，最后形成正式的调查问卷。

4.2.3 小规模访谈

在本次调研过程中，为提高测量量表的内容效度，发放了15份初始问卷对量表进行了初步测试。发放对象包括5名博士生、5名硕士生及5名企业员工。在访谈过程中，我们告知被调查者研究的内容、各变量的内涵及相互关系，请其提出建议。在访谈过程中，被调查者针对调查问卷的总体设计、测量问项的语义表达等问题给出了建议。在小规模访谈基础上、对调查问卷的测量、问项的表达等进行了完善。

4.2.4 问卷预调查

为了检测量表的可行性和可理解度，确保正式调查工作的顺利进行，在正式调查之前对问卷进行预调查，以便对问卷进行修正和调整。本章对南昌的5家企业的员工及其同事现场发放了100份问卷，回收问卷100份。同时，与25名问卷应答者进行了面谈，向他们了解对问卷的看法。根据问卷的填答情况和面谈结果对问卷进行了一些调整，主要是对容易引起混淆和歧义及不易理解的地方做些修改，使问卷更适合我国的实际情况，更易于理解。修正后的问卷用于随后的正式调查。

4.3 数据收集

本章的调查对象分别来自南昌、上海、武汉、杭州等地共计21家企业的员工，行业涉及制造业、金融、IT、电信等。

4.3.1 问卷正式调查

为控制共同方法偏差,我们采用了间隔时间为两周的追踪方式来搜集数据。具体来说,在时间点 1 测量人口学变量、同事不文明行为、消极情绪及组织支持感;在时间点 2 测量员工的离职意愿。为提高问卷的填写质量,研究人员在人力资源部门的帮助下,本次调研共发放 500 份问卷,以现场发放、回收的方式进行调查,问卷回收率为 100%。由于本次调研采取的是两阶段配对调研的方式,本章采取了严格的问卷删选方式,只要是任何一个时间点的数据存在不合理之处,就将予以剔除。包括:

(1) 回答不完整的问卷。

虽然少量的信息缺失可以通过统计方法进行处理,但为了保证研究结论的可靠性,对于填答中信息缺失较多的问卷进行了剔除。

(2) 回答不认真的问卷。

对具有明显倾向性、规律性回答的问卷,如答案呈 "S" 形分布的答卷,对这部分问卷予以剔除。同时我们在问卷中设置了一道反方向问题,通过正反问题回答信息的对比,对具有明显问题的问卷也予以剔除。

通过上述步骤,在发放的 500 份问卷中,剔除了空白过多、反应倾向过于明显的问卷,最终得到 441 份有效匹配问卷。

4.3.2 研究方法

根据本章的研究目的和研究假设,利用 SPSS 15.0 和 Amos 7.0 统计分析软件对调查数据进行分析。本章采用 SPSS 15.0 和 AMOS 7.0 对数据进行统计分析。首先,采用结构方程模型对各量表进行验证性因子分析,以检验问卷的区分效度;其次,对各量表进行信度分析,并进行基本的描述性统计;再次,采用结构方程模型检验消极情绪在同事不文明行为与员工离职意愿间的中介效应;最后,利用 Process 插件中的 Bootstrapping 方法估计组织支持感在同事不文明行为通过消极情绪影响员工离职倾向过程中的调节中介效应。

4.4 数据分析

4.4.1 被试信息

本次调研共收到441份有效问卷,员工样本的基本信息如表4-5所示。这些数据表明样本具有较高的代表性,可以满足本章研究的样本需要。

表4-5　　　　　　　　样本基本信息一览表

项目	类别	频次	比例(%)
性别	男	265	60.1
	女	176	39.9
教育程度	高中或中专以下	36	8.2
	高中或中专	50	11.3
	大专	78	17.7
	本科	194	44
	硕士及以上	83	18.8
婚姻状况	已婚	244	44.7
	未婚	197	55.3
年龄	25岁及以下	69	15.6
	26~30岁	97	22
	31~40岁	107	24.3
	40~50岁	132	29.9
	50岁以上	36	8.2
工作年限	3年以下	172	39
	3~5年	96	21.8
	6~10年	92	20.9
	10年以上	81	18.4

4.4.2 信度和效度检验

首先,针对问卷的 18 个题项进行测项纯化。一般来说,对那些因子载荷小于 0.5 的题项,且删除此题项后 Cronbach's α 会增加的,则予以删除。利用 SPSS 13.0 对问卷进行检验,结果表明所有的题项都予以保留。其次,按照信度的评价方法,利用 SPSS 15.0 对问卷进行信度分析,即 Cronbach's α 系数。同事不文明行为、消极情绪、组织支持感及离职倾向 4 个潜变量 Cronbach's α 系数分别是 0.900、0.780、0.850 和 0.765。结果表明所有潜变量的 Cronbach's α 系数均大于可接受的最小临界值(0.7),这表明变量的测量具有较好的信度。

由于本章所使用的量表均为国外研究中的经典量表,许多量表已经在国内多项研究中使用过,加之,在量表的开发过程中,本项目邀请了相关人士对构念及相应的题项进行了修正,因此,问卷具有较高的内容效度。采用验证性因子分析(使用极大似然估计)对正式调查获得的数据进行分析,以考察并确认各变量的区分效度和聚合效度,结果如表 4-6 所示。根据 Medsker 等(1994)的建议,采用 χ^2/df、NFI、TLI、CFI 和 RMSEA 来说明模型的拟合情况。由表 4-6 可知,四因子模型拟合度最好($\chi^2/df = 2.662$、NFI = 0.908、TLI = 0.929、CFI = 0.940、RMSEA = 0.061),达到了模型拟合要求。因此这表明四因子具有较好的区分效度。

表 4-6 概念区分性的验证性因子分析的结果(N = 449)

模型	χ^2	df	χ^2/df	NFI	TLI	CFI	RMSEA
单因子模型	1640.380	135	12.151	0.558	0.521	0.577	0.159
二因子模型	1076.591	134	8.034	0.710	0.698	0.735	0.126
三因子模型	758.896	132	5.750	0.796	0.796	0.824	0.104
四因子模型	343.357	129	2.662	0.908	0.929	0.940	0.061

注:单因子模型:同事不文明行为 + 消极情绪 + 组织支持感 + 离职倾向;二因子模型:同事不文明行为 + 离职倾向,消极情绪 + 组织支持感;三因子模型:同事不文明行为,组织支持感 + 消极情绪,离职倾向;四因子模型:同事不文明行为,消极情绪,组织支持感,离职倾向。

4.4.3 共同方法偏差检验

虽然本章采用间隔两周的方式来收集数据,但由于同事不文明行为、消极情绪和组织支持感为员工同一时间填写,同时所有数据都由员工填写,因而数据可能存在共同方法偏差。本章使用两种方法进行检验。首先,Harman 单因子检验结果表明,将同事不文明行为、消极情绪、组织支持感及离职倾向的测量题目进行未旋转的探索性因子分析,第一个因子仅解释了 33.860% 方差解释率,低于 40%。依据 Podsakoff 等(1986)的观点,如果第一个因子方差解释率在 50% 以下,说明共同方法偏差问题不严重。且单维模型的数据拟合度很差($\chi^2/df = 12.151$,NFI = 0.558,TLI = 0.521,CFI = 0.577,RMSEA = 0.159),表明不存在严重的共同方法偏差。其次,加入共同方法因子检验结果表明,尽管加入共同方法因子的数据拟合度($\chi^2/df = 2.327$,NFI = 0.930,TLI = 0.943,CFI = 0.959,RMSEA = 0.055)优于四维模型($\chi^2/df = 2.662$,NFI = 0.908,TLI = 0.929,CFI = 0.940,RMR = 0.061,RMSEA = 0.056),但改善程度不大。因此,本章不存在严重的共同方法偏差。

4.4.4 描述性及相关性统计分析结果

由描述及相关性统计结果来看(见表 4-7),同事不文明行为与消极情绪、离职意愿的相关系数均为正($\beta = -0.292$,$p < 0.001$)($\beta = -0.270$,$p < 0.001$),消极情绪与离职意愿的也呈正相关关系($\beta = 0.423$,$p < 0.001$),与我们的设想一致,可以进一步统计分析,以检验变量之间的因果关系。

表 4-7　　　　　　　各研究变量的相关分析

	M	SD	1	2	3	4	5	6	7
1. 性别	1.399	0.490							
2. 婚姻状况	1.553	0.498	0.024						
3. 教育程度	3.540	1.160	-0.116*	-0.204**					

续表

	M	SD	1	2	3	4	5	6	7
4. 工作年限	2.186	1.141	0.160**	0.155**	-0.057				
5. 同事不文明行为	2.249	0.742	0.076	0.284**	-0.627**	0.116*			
6. 消极情绪	2.452	0.675	0.055	0.176**	-0.251**	0.116*	0.292**		
7. 组织支持感	2.897	0.864	0.097*	0.380**	-0.320**	0.244**	0.402**	0.329**	
8. 离职意愿	2.338	0.763	0.072	0.093	-0.206**	0.103*	0.270**	0.423**	0.244**

注：显著性水平 * 表示 p<0.05，** 表示 p<0.01。

4.4.5 假设检验

在确认了变量的信效度之后，本章运用 AMOS 7.0 检测同事不文明行为对员工消极情绪、离职意愿的作用路径，主要包括直接效应和中介效应的分析，具体分析结果如图 4-2 所示。

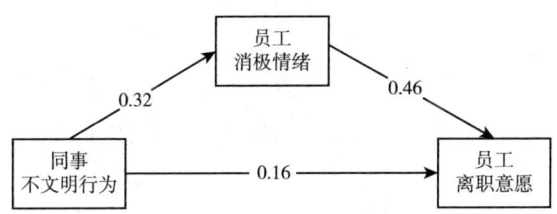

图 4-2　结构方程模型分析结果

本章建立以同事不文明行为为自变量，员工消极情绪为中介变量，离职意愿为因变量的结构方程模型进行中介效应检测。从分析结果来看，理论模型的 χ^2/df、GFI、NFI、IFI、CFI 和 RMSEA 分别为 2.575、0.947、0.935、0.959、0.959 和 0.060，表明本章的理论模型具有良好的拟合优度。

图 4-2 给出同事不文明行为、员工消极情绪、离职意愿之间的路径分析结果。(1) 同事不文明行为对员工消极情绪有显著的正向影响，$\beta = 0.32$（$p<0.001$）；对员工离职意愿有显著的正向影响，$\beta = 0.16$（$p<0.01$）。(2) 员工消极情绪对其离职意愿有显著的正向影响，$\beta = -0.46$（$p<0.001$）。

根据 Baron 和 Kenny（1986）中介效应的存在应满足以下三个要求：

(1) 自变量对因变量产生显著影响;(2) 自变量对中介变量存在显著影响,且中介变量对因变量也有显著影响;(3) 当自变量与中介变量同时放入回归模型中解释其对因变量的作用时,中介变量的影响显著,而自变量的影响消失(完全中介)或是减少(部分中介)。相关分析结果表明,同事不文明行为与离职意愿存在显著的正相关关系,而在两者的二元回归模型中,其回归系数为 0.27(p<0.001),显著大于 0.16(p<0.01)。表明员工消极情绪在同事不文明行为与离职意愿之间存在部分中介效。由此,消极情绪在同事不文明行为与员工离职意愿之间发挥部分中介作用,假设 H4-1、假设 H4-2、假设 H4-3 及假设 H4-4 均得到支持。

利用层级回归检验组织支持感的调节作用,选择与员工心理及行为有一定关联的人口学变量作为控制变量。同时,为了避免自变量与交互效应项相关过高产生的多重共线性问题,先将自变量进行中心化处理,再计算交互效应项。回归分析结果表明,同事不文明行为与组织支持感的交互项与员工消极情绪之间的关系达到显著性水平(M3,$\beta = -3.087$,$p < 0.01$)。由此,假设 H4-5 得到了支持。为了更直观地表现组织支持感的高低在同事不文明行为与员工消极情绪之间的交互作用,我们以图 4-3 模拟出组织支持感在同事不文明行为与员工消极情绪之间的调节作用。由图 4-3 可见,高组织支持感的员工在遭受同事不文明行为时,能更好地调控情绪,处理好与顾客的关系,更不容易产生消极情绪。

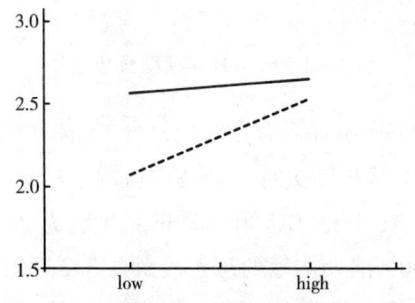

图 4-3 组织支持感对同事不文明行为与
员工消极情绪关系的调节作用

假设 H4-6 提出组织支持感会调节同事不文明行为对消极情绪与员工离职倾向之间关系的中介作用。组织支持感越强,这一中介作用越弱,反之则越强。为检验这一被调节的中介效应，本章使用了温忠麟和叶宝娟（2014）介绍的方法，使用 Process 插件计算了组织支持感高（+1 个标准差）和组织支持感低（-1 个标准差）两种情况下消极情绪的中介效应，其结果如表 4-8 所示。从中可以发现在低组织支持感情况下，消极情绪的中介作用显著，而在高组织支持感情况下，消极情绪的中介效应并不显著。通过 bootstrap5000 次抽样，获得了条件中介效应之差的取值区间，效应值为 -0.1059，标准误为 0.0341，置信区间为（-0.1769，-0.0403），不包括 0，故假设 H4-6 的调节中介效应也得到了支持。

表 4-8　　　　消极情绪在组织支持感上的中介作用

关系质量	间接效应	SE	间接效应	95%的置信区间
条件中介效应				
低组织支持感	0.1105*	0.0319	0.0515	0.1760
高组织支持感	0.0046	0.0249	-0.0449	0.0535
条件中介效应之差（低-高）组织支持感	-0.1059*	0.0341	-0.1769	-0.0403

注：*表示 $p<0.05$，均为双尾检验。

4.5　讨　论

4.5.1　结果讨论

不文明行为作为工作场所越轨行为中最隐秘、最普遍的一种行为，对员工的身体及心理均会产生不良的影响。本章根据情感事件理论及资源保存理论，揭示了同事不文明行为对员工离职意愿的影响机制。研究结果表明，消极情绪部分中介同事不文明行为对员工离职意愿的影响过程；组织支持感缓解了同事不文明行为对员工消极情绪的影响。这表明了从情绪及同事视角探讨不文明行为对员工离职意愿的影响机制问题是真实有效的，拓展了有关工作场所不文明行为的研究。具体来说：

（1）从同事视角探讨工作场所不文明行为的作用机制。以往关于工作场所不文明行为作用机制的研究多从领导视角来进行，而忽视了同事在其中的作用。虽然同事不具有正式权力，但具有一定的非正式权力，因此同事对员工的影响也不容忽视。因此，本章利用追踪数据考察了同事不文明行为对员工离职意愿的影响，以及员工消极情绪在其中的中介作用。研究结果表明，同事不文明行为通过消极情绪正向影响员工的离职意愿，这是同事不文明行为影响的一个内在机制。这一研究为未来的研究奠定了基础。

（2）利用情感事件理论，情感事件理论认为工作中的事件会诱发个体产生相应的情感反应，进而影响个体的态度和行为。在以往关的研究中，大多数研究探讨了不文明行为对员工态度及行为的不利影响，对其中的作用机制知之甚少。基于此，本章探讨了消极情绪在同事不文明行为影响员工消极情绪中的中介作用，在拓展不文明行为影响机制的同时，也拓展了情感事件理论在工作场所的运用。

（3）考察了组织支持感在同事不文明行为对员工消极情绪影响过程中的缓解作用。在已有关于不文明行为与受害者态度、行为中调节作用的研究中，大多数基于受害者的人格特质来进行。依据资源保存理论，同事不文明行为在影响员工的过程中，必然会消耗员工的资源。若外在环境不能提供额外的资源，员工必然会减少内在资源的付出。因此，本章探讨了组织支持感在同事不文明行为对员工消极情绪影响过程中的调节作用。研究结果表明，组织支持感能够缓解同事不文明行为对员工消极情绪的影响。

与此同时，本章的研究也对管理实践具有一定的启示，主要有：

（1）关口前移、关注应聘者的不文明倾向。招聘作为人力资源管理的一个重要环节，合理的招聘能够减少员工的不文明行为。把好员工入口关，对应聘人员的背景进行调查，了解其在以往的工作和学习中是否存在不文明行为的经历，同时利用情景模拟、结构化或半结构化等手段甄选低不文明倾向的员工，从源头减少员工离职行为的发生。

（2）互帮互助，营造以礼待人的工作氛围。研究结果表明，同事不文明行为显著影响员工的离职意愿，这使营造一个以礼待人的工作氛围就成为降低员工离职意愿的关键。如形成相互尊重的组织文化、建立惩罚不文明行为的规章制度、定期组织同事之间业余活动、鼓励同事之间相互帮助等。

（3）关心员工，为其提供必要的工作支持。研究结果表明，组织支持感能够通过缓解消极情绪来降低员工的离职意愿。对员工而言，组织的支持包括工具性支持和情感性支持两种。因此，一方面，组织应为员工提供必要的设备、技术上的支持，确保员工具有顺利完成工作的条件和环境；另一方面，应关心员工，特别是在遭受同事不文明行为之后，应给予员工必要的关怀和安慰。

4.5.2　研究局限及未来研究方向

虽然早在1999年Andersson和Pearson就提出了工作场所不文明行为这一概念，但直到2009年国内才由刘嫦娥等人引进这一概念，并开展了为数不多的研究。虽然本章对同事不文明行为与员工离职意愿的关系及作用机制进行研究，但仍存在以下局限：第一，根据情感事件理论，本章仅选择员工消极情绪作为中介变量，而对员工的认知因素是否也在同事不文明行为与员工离职意愿之间起到中介作用则未加研究，如员工同事不文明行为的归因等；第二，本章证实了消极情绪在同事不文明行为与员工离职意愿之间存在部分中介作用，由于消极情绪有多种具体表现形式，每种具体的消极情绪是否都在同事不文明行为与员工离职意愿之间起到中介作用也是我们未来应研究的问题；第三，本章的研究结果表明，同事不文明行为显著影响员工的离职意愿。在组织内部，不文明行为还包括领导的不文明行为。这两类不文明行为对员工离职意愿与其他态度、行为的影响的差别有哪些也是我们未来应研究的课题；第四，研究结果表明，组织因素在缓解同事不文明行为与员工消极情绪的关系中起到重要作用，而其他因素如社会文化因素、人格因素是否也会起到类似作用在未来的研究中须进一步深入探讨。

5 职场不文明行为对服务破坏行为作用机制研究：基于顾客视角

职场不文明行为是指违背相互尊重的职场规范、伤害意图模糊的低强度越轨行为（Andersson & Pearson，1999），具有违背职场规范、伤害意图模糊、伤害强度低3个方面的特点（Lim et al.，2008）。典型的不文明行为包括打断他人的谈话、在公共场合大声说话、不回他人电话、对他人的观点没有丝毫兴趣等（Pearson & Porath，2009）。职场不文明行为作为最普遍的职场欺凌行为在组织中无所不在，呈现出上升的趋势（Cortina，2008）。Schilpzand等（2006）指出，当前员工所体验的不文明行为是20年前的两倍。

已有研究表明，职场不文明行为对组织及员工具有诸多消极影响，但这些研究着重探讨了职场不文明行为对员工工作态度及绩效的影响，对职场不文明行为螺旋升级的研究则较少（Galllus et al.，2014）。消极行为感染模型认为，员工不良行为受到其他个体不良行为的影响（Foulk et al.，2016）。然而，该模型却未探讨消极行为为何以及何时产生感染效应。同时以往关于职场不文明行为的研究主要探讨了不文明行为的情感后果，如消极情绪、满意度以及情绪枯竭等，而对不文明行为的认知后果却没有予以足够的重视（Rosen et al.，2016）。基于此，本章将从认知视角探讨职场不文明行为对员工不良行为的作用机制。

在服务情境中，与顾客交互是服务员工工作的主要内容，因而根据不文明行为来源的差异，可将职场不文明行为划分为主管不文明行为、同事不文明行为及顾客不文明行为三大类（Sakurai & Jex，2012）。互联网的迅猛发展虽然颠覆了众多企业的运作方式，但对于服务性企业而言，一线服务员工作为顾客与企业联系的纽带依然扮演着不可替代的角色（Nasr et al.，2015）。在买方市场条件下，交互过程的单次性、偶然性、匿名性及双方权力的不对称，以及受"顾客永远是对的"等信念的影响，使顾客也成为不文明行为的重要来源（Wilson & Holmvall，2013）。因而，服务员工所体验的不文明行为主要来源于其主管及顾客。对于服务性企业而言，顾客是决定组织绩效的关键要素，同时破坏行为被认为是感知不文明行为后所产生的报复行为（Ambrose et al.，2002），因而本章用服务破坏行为研究员工的不良行为。基于此，本章将探讨顾客不文明行为对员工服务破坏行为的认知机制。

社会认知理论认为，个体具有与自我调节机制相匹配的道德标准，但这种道德的自我调节功能可以被个体选择性地激活或停用（Bandura，1991）。个体在面对外部压力的过程中，道德的认知自我调节机制降低了个体自身的道德自制能力，削弱了道德规范对自身行为的约束，使其轻松违反道德标准，为随后的越轨行为提供合理化解释（Moore et al.，2012）。Bandura 等（1996）将这一现象称为道德推脱，并指出道德推脱是造成个体道德自我调节机制失效的关键。因此，在面对不良行为过程中个体往往通过道德推脱为其服务破坏行为推卸责任，削弱自我谴责水平，进而消除其认知失调（Lee et al.，2016）。基于此，本章将基于社会认知视角的道德自我调节理论探讨道德推脱在顾客不文明行为对员工服务破坏行为影响机制中的中介效应。

道德推脱作为个体为其行为合理化辩护的认知倾向，能够解释一个正常的人为什么从事了非伦理行为后而没有明显的自责及内疚（Bandura，1990）。我们认为道德推脱冲动的敏感性因个体的差异而不同，因而与道德自我相联系的个体标准可能影响着道德推脱的形成，并进而影响着个体不良行为的产生（Skarlicki et al.，2008）。道德认同作为个体如何认识自己的道德特质，反映了个体对道德品质的认可程度，是员工道德动机及道德行为关键来源（Reed & Aquino，2003）。道德认同作为在相关社会情境尤其是人际欺凌情境引导个体行为反应的基本自我调节机制（Aquino & Reed，2002）。高道德认同个体道德模式的信息处理是长期可用、容易启动且容易激活，因而高道德认同的个体对违背社会规范的行为反应更加强烈（Aquino et al.，2007）。Reynolds 和 Ceranic（2007）指出，道德认同往往调节着个体面对道德违背行为的反应。所以本章认为，员工道德认同可能调节着顾客不文明行为和道德推脱之间的关系。

根据上述阐述，本章的研究在于基于社会认知视角探讨顾客不文明行为影响服务员工服务破坏行为的道德自我调节机制，并在此基础上检验员工道德认同在顾客不文明行为、道德推脱及服务员工破坏行为这一关系中的作用。综上所述，本章的研究可以概括为一个包含调节效应的中介机制作用模型，如图 5-1 所示。

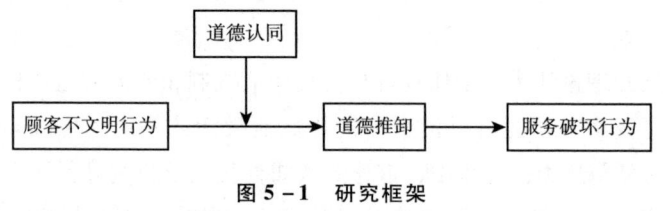

图 5-1　研究框架

5.1　理论与假设

5.1.1　顾客不文明行为与服务破坏行为

顾客不文明行为作为服务失败的信号，是职场不文明行为由组织内部扩展至组织外部。根据 Andersson 和 Pearson（1999）对职场不文明行为的定义，Sliter 等（2010）将顾客不文明行为定义为是指员工感知来自顾客方伤害意图模糊的低强度偏差行为，同时该行为违背了相互尊重及谦恭的社会规范。其特点有三：（1）是非暴力的偏离行为；（2）违背了包括道德、尊重等社会规范；（3）会导致员工心理上的伤害（Kern, Grandey, 2009）。典型的顾客不文明行为包括来自顾客粗鲁的手势或表述（如瞪眼、叹气）、对服务员工进行不恰当的称呼（如"嘿""你"）以及指责员工服务不及时等（Wilson & Holmvall, 2013）。相对于其他顾客不当行为而言，顾客不文明行为虽然缺乏明确、有意识的指向，也不清楚顾客是否有意要伤害服务员工，这些不文明行为微不足道，但久而久之却会对员工造成伤害。

服务破坏行为作为一种职场偏差行为，是指服务员工故意违背服务规则或服务手册所要求的应以职业、友好、耐心的方式对待顾客的行为（Solomon et al., 1985）。由于服务破坏行为能够降低顾客满意、顾客忠诚以及组织长期利润，因而该行为不利于组织的长远发展（Chi et al., 2013）。

职场不文明行为区别于其他职场越轨行为的一个显著特点在于，不文明行为并非单次的偶然性事件，而是长期人际交互累积的结果。因此，为表达抗议，职场不文明行为经过逐渐螺旋升级，演变为高强度的、伤害意图明显的越轨行为（Wu et al., 2014）。此外，职场不文明行为不仅在强度上升级，还会在不文明在范围上进行拓展。研究表明，员工往往对实施不文明行为的个体作为一个社会整体来对待，因而员工不仅对违背社会规范的个体实施报复行为，还会对一般个体实施报复行为（Walker et al., 2014）。同时违背社会规范的情境越普遍，对一般个体的报复行为就越容易发生（Cropanzano et al., 2001）。Porath 和 Pearson（2013）以及 Little 等（2013）的研究结果表明，来自顾客的不文明行为非常普遍。

服务情境作为一个与陌生人交互的短暂过程，由于服务员工并不愿意与困难顾客建立长期的关系，因而当顾客以不当的方式对待员工，而不是仅仅作为被动接受者而存在时，员工就会产生"以牙还牙、加倍奉还"的心理，进而产生服务破坏行为（Kao et al., 2014）。由于服务员工交互的对象不仅有来自组织外部的顾客，还有来自组织内部的主管及同事，这种多元交互过程使服务员工对来自顾客不文明行为的反应更为脆弱（Wang et al., 2011）。因此，本章提出如下假设：

H5-1：顾客不文明行为对员工服务破坏行为有正向影响。

5.1.2 道德推脱的中介作用

道德推脱作为个体在行为中产生的一些特定的认知倾向，包括重新定义自身的行为，使其伤害性显得更小，最大限度地减少自己在行为后果中的责任和降低对受伤目标痛苦的认同（张艳清等，2016）。道德推脱作为个体合理化其违规行为的道德辩护，使个体在思考和进行越轨行为时维持对自身有利的观点（Huang et al., 2017）。Bandura（1986）认为，道德的自我调节能够通过8种相互关联的道德推脱机制而失效，这8种道德推脱机制分别是道德辩护、委婉措施、有利比较、责任转移、责任分散、忽视或扭曲结果、去人性化、责任归因。

道德推脱相关理论认为，大多数道德违背者并不总是不道德的个体，他们往往依据其内在的道德准则通过自我调节系统监控和评估自身的行为。当个体通过一系列的认知加工过程，发现能够为其不道德行为进行辩护，其道德的自我调节机制就会失效，进而使其通过道德推脱维持对自身有利的观点（Chen et al.，2016）。

道德推脱作为个体与环境相互作用的结果，职场不文明行为则为员工启动道德推脱提供了恰当的情境刺激，使其道德的自我调节机制失效（Duffy et al.，2012）。Bandura（1999）指出，个体道德层面的自我调节机制可以选择性地激活或停用。在资源受损的情境下，员工难以认清自身行为的道德含义，进而致使道德自我调节机制停用（Christian & Ellis, 2011）。职场不文明行为作为违背职场规范的越轨行为，因而受到顾客不文明对待的员工损耗了自身的资源，导致自控能力下降和注意力集中困难（Andersson & Pearson, 1999）。通过这样的心理过程，体验到的不文明行为由于资源受损，难于克服其自利倾向，不能识别和系统处理道德问题，不能按照社会期许的方式行事，从而启动道德推脱（Lee et al.，2016）。

道德推脱作为一种社会认知过程，通过对道德结果的自我认知性屏蔽，使个体发生心理改变，摆脱可能阻止其正常行为的道德规范，进而实施偏差行为（Kennedy et al.，2017）。根据 Bandura 等（2001）观点，道德推脱通过三个主要的机制对员工的服务破坏行为产生影响，首先是通过委婉言语和有利比较对道德的认知进行重构，提高服务员工对服务破坏行为在道德上的可接受性程度；其次是模糊或扭曲不道德行为的责任和后果，从而达到自身对服务破坏行为免责的目的；最后是通过去人性化和错误归因有意贬低目标的价值，降低对顾客的认同而免受道德的指责。通过上述三种形式的认知重构激活个体的道德推脱机制，使服务员工约束其越轨行为的内在道德标准不再发挥作用，从而消除对有害行为的自我阻碍，为服务破坏行为提供合理化解释及缓解由此产生的自责和内疚（陈默和梁建，2017）。

尽管 Bandura 等（1996）将道德推脱视为个体稳定的特质，近年的研究则认为道德推脱水平的高低受情境因素的制约。当情境启动了道德推脱时，个体对其不道德行为的监控、调节机制将失效。因此，受到顾客不文明对待的服务员工通过重构其道德认知，提升对服务破坏行为的接受度，将其服务破坏行为归咎于顾客的不文明行为。

基于此，根据社会认知理论的道德自我调节机制，顾客的不文明行为重构了服务员工的认知范式，导致个体的道德调节机制失效，为其实施服务破坏行为提供了恰当的借口。因此，本章提出如下假设：

H5－2：道德推脱在顾客不文明行为与员工服务破坏行为的关系中发挥中介作用。

5.1.3 道德认同的调节作用

道德认同作为根植于个体道德自我概念的认知图式，由一系列道德特质所组成的自我概念（如诚实、关心和同情心等），是个体道德特质的心理表征（Aquino & Reed，2002）。道德认同作为个体道德自我的习惯可及性，反映了社会道德标准在个体心目中的重要程度（Mayer et al.，2012）。因此，高道德认同的个体一般对自己持积极的道德评价，更不愿意惩罚越轨行为的实施者，同时他们认为实施以牙还牙的行为是对伦理和道德的违背（Skarlicki et al.，2008）。

道德认同的调节作用体现在员工受到不文明对待后，是否使自我更容易产生道德推脱。道德认同具有能够引导个体行使与其自我概念一致的道德行为的功能，因此为保持其行为与道德信念的一致性，高道德认同者具有更高的道德敏感性，更可能利用道德的自我调节机制来指导其道德行为（Greenbaum et al.，2013）。O'Reilly 和 Aquino（2011）进而指出，为使自身的行为与其道德认知图式相一致，那些具有高道德认同的个体往往从事与自身道德信念一致的行为，否则就会产生认知失调。由于违背道德准则是感知受到不文明对待的关键，因而在面对顾客不文明所致道德困境的过程中，考虑到道德价值与其自我形象的一致性，在高道德认同的情况下，服务员工道德推脱水平随着顾客不文明行为的降低而产生更为明显减少。与此相反，低道德认同服务员工的道德特质难以被社会信息所激活，因而其更关注自身利益而忽视他人的感受，更倾向于为其不道德行为进行合理化辩护，使其道德的自我调节机制失效（Winterich et al.，2013）。因此面对顾客的不文明行为，在低道德认同的情况下，服务员工的道德推脱水平随着职场不文明行为的降低而产生缓慢的减少。因此，本章提出如下假设：

H5-3：道德认同正向调节顾客不文明行为与道德推脱之间有调节作用。具体来说，这一关系对于高道德认同的服务员工而言相对较强，而对于低道德认同的服务员工而言，这一关系则相对较弱。

道德认同作为个体在道德层面如何考虑自己的认知图示，相较于低道德认同的员工而言，高道德认同的员工更加注重社会关系的联合，更可能将其工作中的相关道德特质结合起来，进而激发其思维及行为与其道德自我相一致（Hannah et al., 2011）。结合假设 H5-2 和假设 H5-3 所涉及的关系，本章进一步预期，服务员工道德认同对顾客不文明行为与道德推脱之间关系的调节作用可能会进而改变顾客不文明行为通过道德推脱进而对服务破坏行为而产生的间接效应。对低道德认同服务员工而言，顾客不文明行为与道德推脱之间的关系较弱，道德推脱所中介的顾客不文明行为对服务破坏行为的间接影响应会进而减弱。而对高道德认同服务员工而言，顾客不文明行为与道德推脱之间的关系较强，道德推脱所中介的职场不文明行为对服务破坏行为的间接影响应会相应变强。基于此，本章提出一个被调节的中介假设：顾客不文明行为→道德推脱→服务破坏行为之间的间接关系会因为服务员工道德认同的差异而有所不同。因此，我们提出如下假设：

H5-4：道德认同调节了顾客不文明行为与员工服务破坏行为之间通过道德推脱的间接关系。具体而言，这一间接关系对于低道德认同的服务员工而言相对较弱，而对于高道德认同的服务员工而言相对较强。

5.2 研究设计

5.2.1 变量的测量

基于文献研究和本章研究的理论模型，本章主要涉及的潜变量有顾客不文明行为、道德推脱、道德认同和服务破坏行为。根据 Churchill（1979）的量表设计原则，其可操作性定义及计量指标如下。

(1) 顾客不文明行为。

根据 Sliter 等（2010）的观点，本章将顾客不文明行为定义为在服务交互过程中，服务员工感知来自顾客方伤害意图模糊的低强度偏差行为，同时该行为违背了相互尊重及谦恭的社会规范。本章所采用的顾客不文明行为量表是 Lim 和 Cortina（2005）在 Cortina 等（2001）所改编的 4 题项量表，具体题项如表 5-1 所示，测量采用 5 级 Likert 量表，其中，"1"代表非常不同意；"2"代表比较不同意；"3"代表不确定；"4"代表比较同意；"5"代表非常同意。

表 5-1　　　　　　　　主管不文明行为测量量表

变量名	编号	问　　项	参考来源
顾客 不文明行为	CI1	顾客轻视你或以居高临下的方式对待你	Lim & Cortina （2005）
	CI2	顾客对你的观点视而不见	
	CI3	顾客对你存在侮辱或贬损的评论	
	CI4	顾客对你的工作表示不信任	

(2) 道德推脱。

道德推脱作为个体为自我辩护的认知倾向，能够重新定义自己的行为，从而使其轻松违反道德标准，为随后的越轨行为提供合理化解释。道德推脱从理论上解释了在没有明显认知压力的情况下，个体为何仍然从事越轨行为。Kish-Gephort 等（2014）指出，情境的差异使道德推脱的过程也有所不同。本章的研究目的在于探讨顾客不文明行为压力下服务员工实施服务破坏行为的道德推脱的心理机制，为更好地达到这一研究目的，本章道德推脱采用 Chen 等（2016）修订过的 3 题项量表，并根据研究情境的差异对量表进行了修订。对道德推脱的测量采取 5 级 Likert 量表，具体题项如表 5-2 所示。

表 5-2　　　　　　　　道德推脱测量量表

变量名	编号	问　　项	参考来源
道德推脱	MD1	为保护自我利益，误导顾客是没有问题的	Wong et al. （2006）
	MD2	为保护自我利益，对顾客隐匿不利信息是可以的	
	MD3	为保护自我利益，不完全诚实是没问题的	

（3）道德认同。

道德认同作为个体对自我的判定，是对社会道德体系中诸多规范的认可及接受程度，它被定义为"由一系列道德特征形成的相对稳定的自我概念"。基于此，本章道德认同的测量采用Aquino和Reed（2002）所编制的内在化道德认同量表。该量表首先向被试呈现诸如"有爱心""友好""公平"等9种道德特质，然后让被试根据这些道德特质进行自我评价，测量采用5级Likert量表，具体问项如表5-3所示。

表5-3　　　　　　　　道德认同测量量表

变量名	编号	问项	参考来源
道德认同	MI1	做一个拥有上述品行的人会让我感觉很好	Aquino & Reed（2002）
	MI2	成为拥有上述品行的人对我来说很重要	
	MI3	如果我具有上述品行，我会对此感到羞愧（R）	
	MI4	对我来说，拥有上述品行并不重要（R）	
	MI5	我强烈希望拥有上述品行	

（4）服务破坏行为。

服务破坏行为作为一种职场偏差行为，是指服务员工故意违背服务规则或服务手册所要求的应以职业、友好、耐心的方式对待顾客的行为。由于本章探讨的是面对面交互情景下服务员工对顾客的服务破坏行为，基于此，本章采用Chi和Grandey（2019）基于面对面服务交互情境所开发的5题项量表，测量采用5级Likert量表，具体问项如表5-4所示。

表5-4　　　　　　　　服务破坏行为测量量表

变量名	编号	问项	参考来源
服务破坏行为	SS1	以不友好的态度对待顾客	Diener et al.（1992）
	SS2	在顾客需要时，故意催促顾客	
	SS3	故意以不当的方式对待顾客	
	SS4	为使事情变得更简单而忽视服务规则	
	SS5	在顾客需要时故意放慢服务速度	

此外，在控制变量的选择方面，Chen等（2013）在探讨职场不文明行为作用机制的研究中将员工的年龄、性别和工作年限作为控制变量。因

此,本章将员工的性别、年龄及工作年限作为控制变量处理。具体编码如下:在性别上,①男性;②女性。在年龄上,由小到大依次为:①25岁及以下;②26~30岁;③31~40岁;④41岁及以上。在工作年限上,由低到高依次是:①3年及以下;②4~6年;③6~10年;④10年以上。

5.2.2 调查方法的选择

本章在调研过程中对顾客不文明行为、道德推脱、道德认同及服务破坏行为等潜变量的调查使用问卷调查法。为控制共同方法偏差,本章采用员工—主管配对的方式收集数据。具体来说,在企业人力资源部门相关人员的帮助下,参与调查的服务员工回答顾客不文明行为、道德推脱、道德认同等信息,一个月后由该员工的直接主管填写服务破坏行为等信息。为确保配对数据的有效性,所有问卷都以现场发放、回收的方式进行,对参与调查者均赠予一份礼物。同时为便于问卷的发放及回收问卷的匹配,并对问卷进行了编号。为提高研究结果的外部效度,我们收集多个行业的数据,其中金融服务业占28.7%、宾馆占23.6%、通信服务业占26.4%、其他服务业占21.3%。除了一些人口学、组织学变量之外,量表均采用5级Likert量度,5个备选答案从"1"代表非常不同意到"5"代表非常同意。同时使被试进行更加深入的思考,以减少认知误差。

由于上述问卷全部采用西方学者研究中的经典量表,为了确保中国情境下这些量表测量的信度和效度,我们首先对英文量表进行2轮英汉互译,形成了初始量表。之后邀请2名服务管理专业教授、2名服务源管理专业博士生及2名服务员工进行了一小时左右的深度访谈,对原始量表中某些有歧义、模糊的问项作了进一步修正,并对问项的表述进行了中文化。同时对整个问卷进行了预测试,反复修改、删除表达不清的问项,并向被调查者追求关于问卷填写等方面的意见。通过小规模访谈及问卷前测试对本调查问卷进行修正,最后形成正式的调查问卷。

5.2.3 小规模访谈

在本次调研过程中,为提高测量量表的内容效度,发放了15份初始问卷对量表进行了初步测试。发放对象包括5名博士生、5名硕士生及5名企业员工。在访谈过程中,我们告知被调查者研究的内容、各变量的内涵及相互关系,请其提出建议。在访谈过程中,被调查者针对调查问卷的总体设计、测量问项的语义表达等问题给出了建议。在小规模访谈的基础上,对调查问卷的测量、问项的表达等进行了完善。

5.2.4 问卷预调查

为了检测量表的可行性和可理解度,确保正式调查工作的顺利进行,在正式调查之前对问卷进行预调查,以便对问卷进行修正和调整。本章对南昌的5家服务性企业的服务员工及其主管现场发放了120份问卷,回收问卷120份。同时,与25名问卷应答者进行了面谈,向他们了解对问卷的看法。根据问卷的填答情况和面谈结果对问卷进行了一些调整,主要是对容易引起混淆和歧义及不易理解的地方做些修改,使问卷更适合我国的实际情况,更易于理解。修正后的问卷用于随后的正式调查。

5.3 数据收集

5.3.1 问卷正式调查

为减少共同方法偏差,本章采用员工—主管配对的方式收集数据。具体来说,在企业人力资源部门相关人员的帮助下,参与调查的服务员工回答顾客不文明行为、道德推脱、道德认同等信息,一个月后由该员工的直接主管填写服务破坏行为等信息。为确保配对数据的有效性,所有问卷都以现场发放、回收的方式进行,对参与调查者均赠予一份礼物。同时为便于问卷的发放及回收问卷的匹配,本章对问卷进行了编号。为提高研究结果的外部效度,我们收集多个行业的数据,其中金融服务业占28.7%、宾馆占23.6%、通信服务业占26.4%、其他服务业占21.3%。本次调研共发放问卷250份,实际回收问卷246份,问卷回收率为98.4%。在删除不合格的问卷后,最终成功匹配员工—主管的问卷数量为216份,有效回收率为86.4%。

由于本次调研采取的是员工—同事两阶段配对调研的方式，本章采取了严格的问卷删选方式，只要任何一方的数据存在不合理之处，就将予以剔除，因而共剔除了30份存在问题的问卷。包括：

（1）回答不完整的问卷。虽然少量的信息缺失可以通过统计方法进行处理，但为了保证研究结论的可靠性，对于填答中信息缺失较多的问卷进行了剔除。

（2）回答不认真的问卷。对具有明显倾向性、规律性回答的问卷，如答案呈"S"形分布的答卷，予以剔除。同时，在问卷中设置了一道反方向问题，通过正反问题回答信息的对比，对具有明显问题的问卷也予以剔除。

通过上述步骤，在发放的246份问卷中，剔除了空白过多、反应倾向过于明显的问卷，最终得到216份有效匹配问卷。

5.3.2 研究方法

根据本章的研究目的和研究假设，利用 SPSS 22.0 和 Amos 17.0 统计分析软件对调查数据进行分析。首先，利用 SPSS 22.0 分析员工的人口学变量；其次，利用 SPSS 22.0 通过 Cronbach's α 系数检验测量量表的信度；再次，利用 Amos 17.0 采用验证性因子分析（使用极大似然估计）对数据进行分析，以确定各变量的区分效度及聚合效度；最后，利用层次回归分析及 Hayes（2013）所开发的 SPSS/SAS 宏 PROCESS 考察顾客不文明行为、道德推脱与服务破坏行为之间的关系以及道德认同在其中的调节作用。

5.4 数据分析

5.4.1 被试信息

本次调研共收到216份有效问卷，员工样本的基本信息如表5-5所示。这些数据表明样本具有较高的代表性，可以满足本章研究的样本需要。

表 5-5 样本基本信息一览表

项目	类别	频次	比例（%）
性别	男	87	40.3
	女	129	59.7
年龄	25 岁及以下	64	29.6
	26~30 岁	75	34.7
	31~40 岁	52	24.1
	40 岁以上	25	11.6
工作年限	3 年及以下	82	38
	4~6 年	71	32.9
	6~10 年	36	16.7
	10 年以上	27	12.5

5.4.2 信度和效度检验

首先，针对问卷的 17 个题项进行测项纯化。一般来说，对那些因子载荷小于 0.5 的题项，且删除此题项后 Cronbach's α 会增加的，则予以删除。利用 SPSS 13.0 对问卷进行检验，结果表明所有的题项都予以保留。其次，按照信度的评价方法，利用 SPSS 15.0 对问卷进行信度分析，即 Cronbach's α 系数。顾客不文明行为、道德推脱、道德认同及服务破坏行为 4 个潜变量 Cronbach's α 系数分别是 0.925、0.742、0.882 和 0.907。结果表明，所有潜变量的 Cronbach's α 系数均大于可接受的最小临界值（0.7），这表明变量的测量具有较好的信度。

由于本章所使用的量表均为国外研究中的经典量表，许多量表已经在国内多项研究中使用过，加之，在量表的开发过程中，我们邀请了相关人士对构念及相应的题项进行了修正，因此，问卷具有较高的内容效度。采用验证性因子分析（使用极大似然估计）对正式调查获得的数据进行分析，以考察并确认各变量的区分效度和聚合效度，结果如表 5-6 所示。根据 Medsker 等（1994）的建议，采用 χ^2/df、NFI、CFI 和 RMSEA 来说明模型的拟合情况。由表 5-6 可知，四因子模型与实际数据拟合得较为理想，RMSEA 低于 0.050，NFI、CFI 都高于 0.900，χ^2 与自由度的比值小于 3，说明研究模型中涉及的7个潜变量具有良好的区分效度,它们是5个独立的构念。之后,利用Amos 7.0软件进行验证性因子分析,结果表明,各个观测变量在相应的潜变量上标准化载荷系数均在0.5以上,并小于1,而且因子载荷的t值从5.328到17.835,全部通过了t检验,在$p<0.001$的水平上显著。这说明本书的各变量具有充分的聚合效度。

表5-6 概念区分性的验证性因子分析的结果($N=216$)

模型	描述	χ^2	df	χ^2/df	CFI	NFI	RMSEA
模型1	四因子模型[a]	223.904	113	1.981	0.952	0.908	0.068
模型2	三因子模型[b]	372.561	116	3.212	0.889	0.847	0.101
模型3	二因子模型[c]	864.874	118	7.329	0.676	0.645	0.172
模型4	单因子模型[d]	1213.068	119	10.194	0.525	0.503	0.207

注:a 假设模型;b 道德推脱和道德认同合并为同一因子;c 员工评价的所有变量(顾客不文明行为、道德推脱和道德认同)合并为同一因子;d 所有4个变量合并为同一因子。

5.4.3 共同方法偏差检验

虽然本章研究的服务破坏行为由主管测量,但考虑到顾客不文明行为、道德推脱、道德认同均由员工测量,为同源数据,可能存在共同方法偏差。本章使用两种方法进行检验。首先,Harman单因子检验结果表明,将顾客不文明行为、道德推脱、道德认同和服务破坏行为的测量题目进行未旋转的探索性因子分析,第一个因子仅解释了40.276%的方差解释率,低于40%。依据Podsakoff等(1986)的观点,如果第一个因子方差解释率在50%以下,说明共同方法偏差问题不严重。且单维模型的数据拟合度很差($\chi^2/df=10.194$,NFI=0.503,CFI=0.525,RMSEA=0.207),表明不存在严重的共同方法偏差。其次,加入共同方法因子检验结果表明,尽管加入共同方法因子的数据拟合度($\chi^2/df=1.817$,CFI=0.966,NFI=0.928,RMSEA=0.062)优于四维模型($\chi^2/df=1.981$,CFI=0.952,NFI=0.908,RMSEA=0.068),但改善程度不大。因此,本章的研究不存在严重的共同方法偏差。

5.4.4 变量的相关性分析

表 5-7 报告了本章所涉及变量的均值、标准差和其间的相关系数。就各相关变量之间的关系而言，顾客不文明行为与道德推脱（$r=0.431$，$p<0.01$）及服务破坏行为（$r=0.512$，$p<0.01$）呈显著正相关；道德推脱与服务破坏行为呈显著正相关（$r=0.505$，$p<0.01$）。这些结果初步支持了本研究所提出的直接关系和中介效应相关假设。

表 5-7　　　　各研究变量的相关分析

变量	M	SD	1	2	3	4	5	6
1. 员工性别	1.597	0.492						
2. 员工年龄	2.176	0.987	-0.083					
3. 员工工作年限	2.037	1.025	0.076	0.500**				
4. 顾客不文明行为	3.093	1.095	-0.140*	-0.116	-0.217**			
5. 道德推脱	2.190	0.775	-0.055	-0.091	-0.226**	0.431**		
6. 道德认同	3.948	0.720	0.109	0.046	0.168*	0.257**	-0.456**	
7. 服务破坏行为	2.359	0.877	-0.058	-0.129	-0.223**	0.512**	0.505**	-0.315**

注：* 表示 $p<0.05$，** 表示 $p<0.01$（双尾检验）。N=216。

5.4.5 研究假设的检验

对于假设 H5-1（顾客不文明行为和员工服务破坏行为的直接关系），本章通过层次回归分析方法进行检验。结果显示，在控制了人口统计学变量之后，顾客不文明行为（$r=0.391$，$p<0.01$）对员工服务破坏行为均具有显著的正向影响，因此假设 H5-1 得到观察数据的支持。

对于假设 H5-2（道德推脱的中介效果），我们运用 PROCESS 进行分析，该方法并不依赖工具采用拨靴分析法直接考察中介效应的显著性，分析结果如表 5-8 所示，从表 5-8 可以看出，在控制人口统计学变量的基础上，主管不文明行为与服务破坏行为通过道德推脱的间接效应显著

(b=0.432，SE=0.073，Boot 95% CI 不包含 0)，顾客不文明行为与服务破坏行为通过道德推脱的间接效应显著（b=0.383，SE=0.070，Boot 95% CI 不包含 0）。因此，假设得到了观察数据的支持。

表 5-8　中介效应分析结果

预测变量		服务破坏行为 M1			服务破坏行为 M2		
		b	SE	t	b	SE	t
控制变量							
	性别	-0.020	0.104	-0.193	-0.022	0.100	0.217
	年龄	-0.045	0.059	-0.754	-0.025	0.057	-0.438
	工作年限	-0.075	0.058	-1.288	-0.049	0.056	-0.872
自变量							
顾客不文明行为					0.282	0.050	5.687**
中介变量							
道德推脱		0.432	0.073	6.045**	0.383	0.070	5.493**
R^2		0.311			0.367		
F		18.936**			24.333**		
间接效应	中介变量	效应值	SE	Boot 95% CI	效应值	SE	Boot 95% CI
	道德推脱	0.163	0.034	[0.1058, 0.2448]	0.109	0.025	[0.0678, 0.1666]

注：(1) 表中的 b 值为非标准化回归系数；(2) 样本数为 1000。下同。

假设 H5-3 提出道德认同正向调节着主管及顾客不文明行为。本章使用层级回归对其进行了检验：第一步，将员工的性别、年龄、工作年限作为控制变量放入回归方程；第二步，将顾客不文明行为和道德认同放入回归方程；第三步，将自变量和调节变量的交互作用项（为防止共线性，自变量和调节变量项均进行了均值中心化处理）放入回归方程考察其影响作用。如表 5-9 所示，从 M7 中可以看到顾客不文明行为与道德认同的乘积项对自控状态有显著预测作用（r=0.148，p<0.01）。所以假设 H5-3 获得验证。图 5-2 的交互作用图更为清晰地展示道德认同在顾客不文明行为与道德推脱关系中的正向调节作用。

表 5-9　道德认同对职场不文明行为和服务破坏行为的调节作用分析

因变量	道德推脱				
解释变量	M3	M4	M5	M6	M7
控制变量					
性别	-0.055	0.032	0.025	0.057	0.060
年龄	-0.019	-0.001	-0.005	0.018	-0.007
工作年限	-0.178**	-0.111*	-0.109**	-0.088	-0.092
自变量					
顾客不文明行为				0.259**	0.208**
调节变量					
道德认同		-0.229**	-0.240**	-0.237**	-0.286**
交互效应					
顾客不文明行为×道德认同					0.148**
R^2	0.053	0.282	0.284	0.291	0.323
ΔR^2		0.229	0.002	0.228	0.032
F	3.940**	16.475**	13.824**	25.275**	16.609**

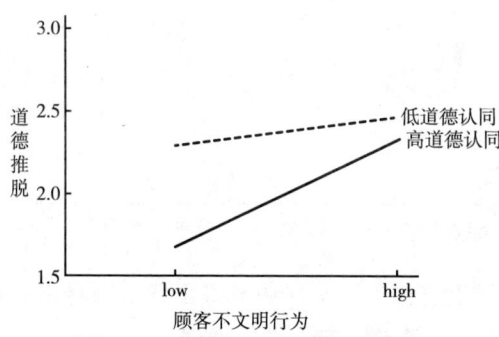

图 5-2　道德认同在顾客不文明行为与道德推脱之间的调节作用

假设 H5-4 提出了被调节的中介效应模型。为检验假设 H5-4，本章运用 PROCESS 进行分析，将中介和调节效应纳入同一个分析架构中加以整合以验证有调节的中介模型。具体分析结果见表 5-10。如表 5-10 所示，顾客不文明行为→道德推脱→服务破坏行为的间接效应在高道德认同组显著（b=0.1244，SE=0.296，95% 的无偏置信区间为 [0.0756，0.1947]，不包括 0），而在中道德认同组这一关系则较弱（b=0.0727，SE=0.0228，95%

的无偏置信区间为 [0.0371, 0.1265]，不包括0），而在低道德认同组这一关系则不显著（b = 0.0209，SE = 0.0290，95% 的无偏置信区间为 [-0.0301, 0.0868]，包括0）。这说明，随着道德认同的不断提升，道德推脱在顾客不文明行为与服务破坏行为之间的中介关系逐渐增强，因此假设 H5-4 得到支持。

表 5-10　　　　道德认同在道德推脱上的中介作用

道德认同	间接效应	SE	中介效应	95%的置信区间
低道德认同	0.0209	0.0290	-0.0301	0.0868
中道德认同	0.0727	0.0228	0.0371	0.1265
高道德认同	0.1244	0.0296	0.0756	0.1947

5.5　讨论与总结

5.5.1　结果讨论

通过对多个行业服务性企业216名服务员工及其主管进行了两阶段的调查，研究结果发现：（1）顾客不文明行为与员工服务破坏行为存在正相关关系；（2）道德推脱在顾客不文明行为与员工服务破坏行为的关系中起到了中介作用；（3）道德认同正向调节着顾客不文明行为与道德推脱之间的关系；（4）顾客不文明行为通过道德推脱对服务破坏行为的间接效应受到了个人道德认同的正向调节。具体研究结论如下：

第一，本章成功地将顾客不文明行为与员工的服务破坏行为联系起来，揭示了职场不文明行为的螺旋升级效应，即顾客不文明行为会导致一线员工的服务破坏行为。在过去的研究中，相关研究仅关注了职场内部不文明行为对员工工作态度及绩效的影响，对职场不文明行为螺旋升级却鲜有探索。基于此，本章拓展了以往的研究界限，将职场不文明行为的研究由组织内部拓展至顾客。本章发现，面对主管及顾客的不文明行为，由于服务交互双方权力的不对称，加之受服务交互过程的偶然性、单次性及匿名性的影响，服务员工往往将报复行为指向顾客，实施服务破坏行为。研究结果拓宽了职场不文明行为的研究范围，从而对职场不文明行为现有成果形成了有益的补充，并会启发更多学者从多个来源考察职场不文明行为的螺旋升级效果。

第二，从认知视角探讨了顾客不文明行为对服务破坏行为的作用机制，有助于揭开职场不文明行为螺旋升级的"黑箱"。长期以来，学者们主要探讨了顾客不文明行为的情感后果，而对其认知后果却没有予以足够的重视。顾客不文明行为之所以对服务破坏行为产生影响，肯定是它影响了员工的相关心理状态和反应，进而才会对服务破坏行为产生影响。鉴于此，本章基于社会认知理论提出了顾客不文明行为影响服务破坏行为的中介变量：道德推脱。顾客不文明行为势必对员工的道德认知状态产生影响，员工就有可能采取包括服务破坏行为的方式来应对职场不文明行为。此时员工通过认知重建将服务破坏行为"合理化"，即通过启动道德推脱机制来合理化其服务破坏行为。本章通过探讨道德推脱在职场不文明行为与服务破坏行为间的中介效应，进一步拓展了道德认知视角的职场不文明行为作用机制研究，有助于从不同理论视角来理解顾客不文明行为的作用机制。

第三，本章基于道德认同视角探讨了顾客不文明行为与员工服务破坏行为之间间接效应的边界条件。研究结果表明，道德认同在降低道德推脱的同时强化了顾客不文明行为与道德推脱之间的关系：在高道德认同的情况下，员工的道德推脱水平会随着顾客不文明行为的下降产生更明显的减少，同时在顾客不文明行为相同的情况下，高道德认同员工的道德推脱水平低于低道德认同员工的道德推脱水平。这说明，随着顾客不文明行为不断提升，高道德认同员工的道德自制能力则随之下降。同时研究结果显示，在顾客不文明行为通过道德推脱影响员工服务破坏行为这一过程中依赖于一定的权变条件，再一次揭示了员工道德认同在组织中的地位和作用。

与此同时，本章研究的相关研究结论对于企业的管理实践也具有一定的启示和参考，主要表现在以下几个方面：(1) 管理者需要警惕顾客不文明行为及其消极影响。面对顾客的不文明行为，员工的道德调节机制往往会停用，进而产生服务破坏行为，这对组织及个人的长期发展极为不利。因此，管理者应在制度上倡导员工的文明行为，对在组织中实施不文明行为的员工进行谈话，严重者应给予相应的惩罚。同时通过改进服务理念、提升服务态度、改善服务场景等措施来降低顾客的不文明行为。(2) 组织应强化道德管理的重要性。企业在实际工作中要警惕员工的道德推脱心理，对员工实施道德教育，强化员工的道德意识，呼吁员工通过道德方式实现个人目标，从而有效规避道德推脱机制产生。(3) 道德认同能够降低员工道德推脱水平及由此产生的服务破坏行为，这就要求企业一方面在招聘过程中将员工道德认同作为一个重要的甄选指标；另一方面通过构建道德规范、培训道德素养等方式提升现有员工的道德认同水平。

5.5.2 研究局限及未来研究方向

本章的研究也存在一定局限性。首先，共同方法偏差问题，本章中员工负责报告的3个主要变量均处于同一时间点，因而可能存在共同方法偏差问题。我们之前在基准模型中加入一个方法因子，加入方法因子之后模型拟合优度较基准模型没有显著提升，因此我们相信本章的研究结论并未受到共同方法偏差的严重影响。其次，因果关系问题。尽管我们从不同时间点收取数据，但依然无法确定变量之间的因果关系。因此，为进一步明确变量之间的因果关系，今后需要采用实验或纵向研究等方法作进一步的验证。再次，作用机制问题。本章从认知视角探讨了员工道德推脱在顾客不文明行为和与服务破坏行为间的中介效应，而以往的研究则验证了情绪在职场不文明行为作用机制中的中介效应。未来可以同时探讨认知和情绪在职场不文明行为与服务破坏行为关系中的中介效应，并比较两者之间的差异。最后，边界效应问题。本章仅考察了道德认同这一人格特质在职场不文明行为对员工道德推脱和服务破坏行为关系间的调节效应。已有的研究表明，情境因素在道德推脱产生机制中也起到调节作用（Chen et al.，2016）。因此，未来可从这一视角出发，更全面了解顾客不文明行为影响员工道德推脱和服务破坏行为的边界条件和权变因素。

6 研究结论与展望

通过理论推导和实证研究，本书的研究结果具有以下几个方面的理论启示。

在不同文化情境下的研究显示，不文明行为在世界范围内普遍存在。与此同时，国内学者也对不文明行为进行了一定的探讨。纵然不文明行为的研究呈现欣欣向荣的景象，但这些研究是支离破碎的，缺乏对职场不文明行为开展系统研究，这在一定程度上阻碍了不文明行为研究的进展。由此，为更清晰地把握不文明行为研究的理论方向，本书突破从单一视角探讨职场不文明行为的桎梏，根据实施者来源的差别，分别从主管、同事以及顾客三个视角探讨职场不文明行为的作用机制，试图从不同视角厘清主场不文明行为的作用过程。鉴于此，本书依据社会交换理论、情感事件理论、资源保存理论、道德的社会认知理论分别从主管、同事以及顾客三个视角探讨了职场不文明行为的作用机制，得出了一些有用的结论。

6.1 结果分析

本书分别从主管、同事以及顾客三个视角探讨了职场不文明行为对员工的行为机制，解释了不同来源职场不文明行为对员工影响的"黑箱"。具体来说，从主管视角来看，首先，研究结果表明，消极情绪和交互公平在主管不文明行为与员工工作满意度、生活满意度的关系上均起到中介作用。已有的研究表明，个体不仅会对主管的不文明行为产生情绪反应，还会对不文明事件产生认知评价，但鲜有研究探讨其具体的作用机制（Bunk & Magley, 2013）。本书基于情感事件和社会交换理论，从情绪和认知两个视角考察并证实了员工消极情绪和交互公平在主管不文明行为与工作满意度和生活满意度之间的中介作用。研究结果表明，主管不文明行为会改变员工的主观体验，诱发员工的消极情绪，进而带来员工工作及生活满意度的变化，拓展了情感事件理论。另外，基于社会交换理论，引入员工感知交互公平，证实了认知机制在主管不文明行为与员工工作及生活之间的解释力。此外，研究结果还表明，主管不文明行为无论是与工作满意度，还是与生活满意度，消极情绪和交互公平都发挥着部分中介的作用，这表明情绪机制和认知机制均不能完全解释主管不文明行为对员工工作及生活的影响效果，除这两种作用机制之外，还存在其他内在作用机制。

其次，本书首次比较并证实了不同作用机制在主管不文明行为对工作及生活影响效果中的相对解释力。由于主管不文明行为对个体的影响机制不仅依赖员工由此产生的情绪效应，还依赖于员工对交换的认知评价，但研究者并未探讨这两种机制在员工工作及生活中的差异。本书的研究结果表明，消极情绪和交互公平均能解释主管不文明行为对员工工作及生活满意度的影响过程，但两者的具体作用机制存在差异。情绪作为个体对特定刺激物所产生的情感反应，其强调的是员工对该事件的体验。交互公平作为员工在与主管交互过程在中是否受到公平对待的感知，其强调的是员工与主管互惠交换的认知过程。工作满意度作为员工感知实际所得与期望所得的差距，主管是影响这一差距的重要因素，同时工作作为一个按照既定的职场规范而进行交换的认知过程。因而，相对于情绪而言，交互公平对员工工作满意度的影响更大。然而，就主管不文明行为与生活满意度的关系而言，情绪和交互公平的解释力无显著差异，即交互公平的中介作用并不弱于消极情绪，这可能与中国组织情境下的领导—下属交换关系有关。虽然家庭成员的交互规范是以情感为基础，但由于中国组织情境的高权力距离，导致员工家庭分配所需的资源也受主管的制约，加之我国员工工作—生活的界限非常模糊，这使主管与员工的交换关系在影响员工工作满意度的同时，也在很大程度上决定着员工的生活满意度水平，因此，在主管不文明行为与员工生活满意度的关系上，交互公平与消极情绪的解释力度无显著差异。

从同事视角来看，本书根据情感事件理论及资源保存理论，揭示了同事不文明行为对员工离职意愿的影响机制。研究结果表明，从情绪及同事视角探讨不文明行为对员工离职意愿的影响机制问题是真实有效的,拓展了有关工作场所不文明行为的研究。具体来说,首先从同事视角探讨工作场所不文明行为的作用机制。以往关于工作场所不文明行为作用机制的研究多从领导视角来进行,而忽视了同事在其中的作用。虽然同事不具有正式权力,但具有一定的非正式权力,因此同事对员工的影响也不容忽视。因此,本书利用追踪数据考察了同事不文明行为对员工离职意愿的影响,以及员工消极情绪在其中的中介作用。研究结果表明,同事不文明行通过消极情绪正向影响着员工的离职意愿,这是同事不文明行为影响的一个内在机制。这一研究为未来的研究奠定了基础。

其次,利用情感事件理论,情感事件理论认为工作中的事件会诱发个体产生相应的情感反应,进而影响个体的态度和行为。探讨情绪在不文明行为影响机制中的作用。在以往的研究中,大多数研究探讨了不文明行为对员工态度及行为的不利影响,对其中的作用机制知之甚少。基于此,本书探讨了消极情绪在同事不文明行为影响员工消极情绪中的中介作用,在拓展不文明行为影响机制的同时,也拓展了情感事件理论在工作场所的运用。

最后,考察了组织支持感在同事不文明行为对员工消极情绪影响过程中的缓解作用。已有关于不文明行为与受害者态度、行为中调节作用的研究中,大多数基于受害者的人格特质来进行。依据资源保存理论,同事不文明行为在影响员工的过程中,必然会消耗员工的资源。如果外在环境不能提供额外的资源,员工必然会减少内在资源的付出。因此,本书探讨了组织支持感在同事不文明行为对员工消极情绪影响过程中的调节作用。研究结果表明,组织支持感能够缓解同事不文明行为对员工消极情绪的影响。

从顾客视角来看,通过对多个行业服务性企业216名服务员工及其主管进行了两阶段的调查,研究结果发现:(1) 顾客不文明行为与员工服务破坏行为存在正相关关系;(2) 道德推脱在顾客不文明行为与员工服务破坏行为的关系中起到了中介作用;(3) 道德认同正向调节着顾客不文明行为与道德推脱之间的关系;(4) 顾客不文明行为通过道德推脱对服务破坏行为的间接效应受到了个人道德认同的正向调节。具体来说,首先,本书成功地将顾客不文明行为与员工的服务破坏行为联系起来,揭示了职场不文明行为的螺旋升级效应,即顾客不文明行为会导致一线员工的服务破坏行为。在过去的研究中，相关研究仅关注了职场内部不文明行为对员工工作态度及绩效的影响，对职场不文明行为螺旋升级却鲜有探索。基于此，本书拓展了以往的研究界限，将职场不文明行为的研究由组织内部拓展至顾客。本书发现，面对主管及顾客的不文明行为，由于服务交互双方权力的不对称，加之受服务交互过程的偶然性、单次性及匿名性的影响，服务员工往往将报复行为指向顾客，实施服务破坏行为。研究结果拓宽了职场不文明行为的研究范围，从而对职场不文明行为现有成果形成了有益的补充，并会启发更多学者从多个来源考察职场不文明行为的螺旋升级效果。

其次，从认知视角探讨了顾客不文明行为对服务破坏行为的作用机制，有助于揭开职场不文明行为螺旋升级的"黑箱"。长期以来，学者们主要探讨了顾客不文明行为的情感后果，而对其认知后果却没有予以足够的重视。顾客不文明行为之所以对服务破坏行为产生影响，肯定是因为它影响了员工的相关心理状态和反应，进而才会对服务破坏行为产生影响。鉴于此，本书基于社会认知理论提出了顾客不文明行为影响服务破坏行为的中介变量：道德推脱。顾客不文明行为势必对员工的道德认知状态产生影响，员工就有可能采取包括服务破坏行为的方式来应对职场不文明行为。此时员工通过认知重建将服务破坏行为"合理化"，即通过启动道德推脱机制来合理化其服务破坏行为。本书通过探讨道德推脱在职场不文明行为与服务破坏行为间的中介效应，进一步拓展了道德认知视角的职场不文明行为作用机制研究，有助于从不同理论视角来理解顾客不文明行为的作用机制。

最后，本书基于道德认同视角探讨了顾客不文明行为与员工服务破坏行为之间间接效应的边界条件。研究结果表明，道德认同在降低道德推脱的同时强化了顾客不文明行为与道德推脱之间的关系：在高道德认同的情况下，员工的道德推脱水平会随着顾客不文明行为的下降产生更明显的减少，同时在顾客不文明行为相同的情况下，高道德认同员工的道德推脱水平低于低道德认同员工的道德推脱水平。这说明，随着顾客不文明行为不断提升，高道德认同员工的道德自制能力则随之下降。同时，研究结果显示出在顾客不文明行为通过道德推脱影响员工服务破坏行为这一过程中依赖于一定的权变条件，再一次揭示了员工道德认同在组织中的地位和作用。

6.2 理论启示

第一，本书基于情感事件和社会交换理论，首次同时从情绪和认知两个视角考察并证实了员工消极情绪和交互公平在主管不文明行为与工作满意度和生活满意度之间的中介作用。研究结果表明，主管不文明行为会改变员工的主观体验，诱发员工的消极情绪，进而带来员工工作及生活满意度的变化，拓展了情感事件理论。另外，基于社会交换理论，引入员工感知交互公平，证实了认知机制在主管不文明行为与员工工作及生活之间的解释力。

第二，本书首次比较并证实了不同作用机制在主管不文明行为对工作及生活影响效果中的相对解释力。由于主管不文明行为对个体的影响机制不仅依赖员工由此产生的情绪效应，还依赖于员工对交换的认知评价，但研究者并未探讨这两种机制在员工工作及生活中的差异。本书的研究结果表明，消极情绪和交互公平均能解释主管不文明行为对员工工作及生活满意度的影响过程，但两者的具体作用机制存在差异。

第三，从同事视角探讨工作场所不文明行为的作用机制。以往关于工作场所不文明行为作用机制的研究多从领导视角来进行，而忽视了同事在其中的作用。虽然同事不具有正式权力，但具有一定的非正式权力，因此同事对员工的影响也不容忽视。因此，本书利用追踪数据考察了同事不文明行为对员工离职意愿的影响，以及员工消极情绪在其中的中介作用。研究结果表明，同事不文明行通过消极情绪正向影响员工的离职意愿，这是同事不文明行为影响的一个内在机制。这一研究为未来的研究奠定了基础。

第四，本书成功地将顾客不文明行为与员工的服务破坏行为联系起来，揭示了职场不文明行为的螺旋升级效应。在过去的研究中，相关研究仅关注了职场内部不文明行为对员工工作态度及绩效的影响，对职场不文明行为螺旋升级却鲜有探索。基于此，本书拓展了以往的研究界限，将职场不文明行为的研究由组织内部拓展至顾客。研究发现，面对主管及顾客的不文明行为，由于服务交互双方权力的不对称，加之受服务交互过程的偶然性、单次性及匿名性的影响，服务员工往往将报复行为指向顾客，实施服务破坏行为。研究结果拓宽了职场不文明行为的研究范围，从而对职场不文明行为现有成果形成了有益的补充，并会启发更多学者从多个来源考察职场不文明行为的螺旋升级效果。

第五，从认知视角探讨了顾客不文明行为对服务破坏行为的作用机制，有助于揭开职场不文明行为螺旋升级的"黑箱"。长期以来，学者们主要探讨了顾客不文明行为的情感后果，而对其认知后果却没有予以足够的重视。顾客不文明行为之所以对服务破坏行为产生影响，肯定是因为它影响了员工的相关心理状态和反应，进而才会对服务破坏行为产生影响。鉴于此，本书基于社会认知理论提出了顾客不文明行为影响服务破坏行为的中介变量：道德推脱。顾客不文明行为势必对员工的道德认知状态产生影响，员工就有可能采取包括服务破坏行为的方式来应对职场不文明行为。此时员工通过认知重建将服务破坏行为"合理化"，即通过启动道德推脱机制来合理化其服务破坏行为。本书通过探讨道德推脱在职场不文明行为与服务破坏行为间的中介效应，进一步拓展了道德认知视角的职场不文明行为作用机制研究，有助于从不同理论视角来理解顾客不文明行为的作用机制。

6.3 实践启示

通过分别探讨主管、同事以及顾客三类不同来源职场不文明行为的作用机制，根据研究结论，我们认为，无论是主管、同事还是顾客这三类不文明行为均对员工或顾客产生不利影响。因此，为消除职场不文明行为的不利影响，企业管理者应采取相应的措施来干预职场不文明行为或通过相关途径来舒缓员工的消极反应。具体来说：

第一，主管不文明行为对员工的工作及生活满意度均有显著影响，说明主管不文明行为对员工的工作及生活来说都是一个严峻的问题。由于"快乐的员工最高效"，加之工作—家庭之间的相互渗透，意味为提升员工的工作表现，改善员工的生活满意度，一方面应让主管了解不文明行为对员工的危害，营造一个以礼待人的工作氛围，从而减少主管的不文明行为；另一方面，在招聘、甄选等人力资源实践过程中有意识地选择那些具有低不文明倾向的员工担任主管，从源头消除主管的不文明行为。此外，组织应有针对性地实施员工援助计划，缓解主管不文明行为对员工工作及生活的不利影响。

第二，关口前移、关注应聘者的不文明倾向。招聘作为人力资源管理的一个重要环节，合理的招聘能够减少员工的不文明行为。把好员工入口关，对应聘人员的背景进行调查，了解其在以往的工作和学习中是否存在不文明行为的经历，同时利用情景模拟、结构化或半结构化等手段甄选低不文明倾向的员工，从源头减少员工离职行为的发生。此外，应将员工道德认同作为一个重要的甄选指标。

第三，互帮互助，营造以礼待人的工作氛围。研究结果表明，同事不文明行为显著影响员工的离职意愿，这使营造一个以礼待人的工作氛围就成为降低员工离职意愿的关键。如形成相互尊重的组织文化、建立惩罚不文明行为的规章制度、定期组织同事之间业余活动、鼓励同事之间相互帮助等。

第四，关心员工，为其提供必要的工作支持。研究结果表明，组织支持感能够通过缓解消极情绪来降低员工的离职意愿。对员工而言，组织的支持包括工具性支持和情感性支持两种。因此，一方面组织应为员工提供必要的设备、技术上的支持，确保员工具有顺利完成工作的条件和环境；另一方面应关心员工，特别是在遭受同事不文明行为之后，应给予员工必要的关怀和安慰。

第五，管理者应在制度上倡导员工的文明行为，对在组织中实施不文明行为的员工进行谈话，严重者应给予相应的惩罚。同时通过改进服务理念、提升服务态度、改善服务场景等措施来降低顾客的不文明行为。此外，应加强对员工实施道德教育，强化员工的道德意识，呼吁员工通过道德方式实现个人目标，从而有效规避道德推脱机制产生。此外，应通过构建道德规范、培训道德素养等方式提升现有员工的道德认同水平。

6.4　研究局限及展望

任何研究都不可能十全十美，本书也不例外，存在诸多不足，希望在未来的研究中能逐步解决。

首先，共同方法偏差问题。虽然我们尽可能从不同时间点、不同来源收集数据，但受经费、资源等条件的限制，很多变量都由同一人员测量，同时来源于同一时间点，因而可能存在共同方法偏差问题。我们也依据前人的研究，对本书所涉及的数据进行了共同方法偏差检验，因此相信本书的研究结论并未受到共同方法偏差的严重影响，但还是可能存在共同方法偏差。

其次，因果关系问题。尽管我们从不同时间点获取数据，但依然无法确定变量之间的因果关系。为进一步明确变量之间的因果关系，今后需要采用实验或纵向研究等方法作进一步的验证。

再次，研究样本问题。受研究资源的限制，本书仅选择了国内企业作为调查样本，样本来源比较集中，研究结论是否能推广到其他国家有待进一步验证，为提高研究的外部效度，使研究结果更加充实，未来研究应收集其他国家的数据，并进行国与国之间影响效应差异的比较研究，从而能够采取更具针对性的干预措施。

最后，控制变量问题。本书的三个研究中仅选择了性别、年龄、婚姻状况及工作年限等常见人口统计学变量作为控制变量。然而不文明行为与一些其他职场阴暗面行为存在一定的重叠，为使研究结果达到独特的研究效果，我们将在未来的研究中根据研究内容的差别选择相关职场阴暗面行为变量作为控制变量进行处理。

附录　研究所用量表

一、第3章调查问卷

员工部分

时间点1

尊敬的先生/女士：

　　您好！非常感谢在百忙之中填写这份问卷！本问卷是一项学术调查，回答没有对错之分，问卷采用匿名形式，我们会对您的回答严格保密，请您根据自己的真实感受填答。您的帮助对本研究具有重要价值，谢谢支持！

　　请您仔细阅读下面的句子，请根据您的真实感受，回答以下问题，在选定的数字上打"√"。数字越小表示您越不同意，数字越大表示您越同意，答案没有对错之分，我们会为您的回答严格保密。

1	2	3	4	5
完全不同意	基本不同意	不确定	基本同意	完全同意

一、请您根据您的工作情况进行真实感受作答

A1 我的工作让我感到很有压力	1	2	3	4	5
A2 我的工作让我感到非常痛苦	1	2	3	4	5
A3 我的工作让我感到很焦虑	1	2	3	4	5
A4 我的工作让我感到很沮丧	1	2	3	4	5
B1 在与主管的交互过程中，他/她会考虑我的尊严	1	2	3	4	5
B2 在与主管的交互过程中，他/她会礼貌待我	1	2	3	4	5
B3 在与主管的交互过程中，他/她会尊重我	1	2	3	4	5
B4 在与主管的交互过程中，他/她会有意识地避免发表不恰当的言论或评论	1	2	3	4	5

二、个人信息（该信息不记名，请填写完整，数据仅供学术研究之用，谢谢！）

1. 您的性别：□男　　　　□女
2. 婚姻状况：□已婚　　　□未婚
3. 您的年龄：□25 岁及以下　□26~29 岁　□30~39 岁
　　　　　　　□40~49 岁　　□50 岁及以上
4. 您的工作年限是：□5 年及以下　　□6~10 年
　　　　　　　　　□11~20 年　　　□20 年以上

时间点 2

尊敬的先生/女士：

您好！非常感谢在百忙之中填写这份问卷！本问卷是一项学术调查，回答没有对错之分，问卷采用匿名形式，我们会对您的回答严格保密，请您根据自己的真实感受填答。您的帮助对本研究具有重要价值，谢谢支持！

请您仔细阅读下面的句子，请根据您的真实感受，回答以下问题，在选定的数字上打"√"。数字越小表示您越不同意，数字越大表示您越同意，答案没有对错之分，我们会为您的回答严格保密。

1	2	3	4	5
完全不同意	基本不同意	不确定	基本同意	完全同意

请您根据近一个月来的工作情况进行真实感受作答

A1 我对目前的工作性质非常满意	1	2	3	4	5
A2 我对我和直属上司之间的关系非常满意	1	2	3	4	5
A3 我对我和同事之间的关系非常满意	1	2	3	4	5
A4 我对工作报酬非常满意	1	2	3	4	5
A5 我对单位的晋升机会非常满意	1	2	3	4	5
A6 考虑所有情况的后，我对你目前工作非常满意	1	2	3	4	5
A1 我的生活在很多方面都接近理想状态	1	2	3	4	5
A2 我的生活条件很不错	1	2	3	4	5
A3 我对我的生活很满意	1	2	3	4	5
A4 到目前为止，我已经得到了生活中对我而言很重要的东西	1	2	3	4	5
A5 目前我认为我的生活几乎没有什么是需要改变的	1	2	3	4	5

同事部分

尊敬的先生/女士：

您好！非常感谢在百忙之中填写这份问卷！本问卷是一项学术调查，回答没有对错之分，问卷采用匿名形式，我们会对您的回答严格保密，请您根据自己的真实感受填答。您的帮助对本研究具有重要价值，谢谢支持！

请您仔细阅读下面的句子，请根据您的真实感受，回答以下问题，在选定的数字上打"√"。数字越小表示您越不同意，数字越大表示您越同意，答案没有对错之分，我们会为您的回答严格保密。

1	2	3	4	5
完全不同意	基本不同意	不确定	基本同意	完全同意

请您根据您的工作情况进行真实感受作答

A1 主管轻视或用高高在上的态度对待你	1	2	3	4	5
A2 主管对你的观点视而不见或对你的意见漠不关心	1	2	3	4	5
A3 主管对你存在侮辱或贬损的评价	1	2	3	4	5
A4 在公开或私下的场合里，主管会不顾你的感受纠正你的不专业的措辞	1	2	3	4	5
A5 主管会忽视你或将你排除在职场同事关系之外	1	2	3	4	5
A6 主管对你在工作中作出的判断表示不信任	1	2	3	4	5
A7 主管会试图和你谈论与工作无关的话题	1	2	3	4	5

二、第 4 章调查问卷

时间点 1

尊敬的先生/女士：

您好！非常感谢在百忙之中填写这份问卷！本问卷是一项学术调查，回答没有对错之分，问卷采用匿名形式，我们会对您的回答严格保密，请您根据自己的真实感受填答。您的帮助对本研究具有重要价值，谢谢支持！

请您仔细阅读下面的句子，请根据您的真实感受，回答以下问题，在选定的数字上打"√"。数字越小表示您越不同意，数字越大表示您越同意，答案没有对错之分，我们会为您的回答严格保密。

1	2	3	4	5
完全不同意	基本不同意	不确定	基本同意	完全同意

一、请您根据您的工作情况进行真实感受作答

A1 同事轻视或用高高在上的态度对待你	1	2	3	4	5
A2 同事对你的观点视而不见或对你的意见漠不关心	1	2	3	4	5
A3 同事对你存在侮辱或贬损的评论	1	2	3	4	5
A4 在公开或私下的场合里，同事会不顾你的感受纠正你的不专业的措辞	1	2	3	4	5
A5 同事会忽视你或将你排除在职场同事关系之外	1	2	3	4	5
A6 同事对你在工作中作出的判断表示不信任	1	2	3	4	5
A7 同事会试图和你谈论与工作无关的话题	1	2	3	4	5
B1 我的工作让我感到很伤心	1	2	3	4	5
B2 我的工作让我感到非常失望	1	2	3	4	5
B3 我的工作让我感到很遗憾	1	2	3	4	5
B4 我的工作让我感到很生气	1	2	3	4	5
C1 领导会在我遇到私人麻烦时会对我施以援手	1	2	3	4	5
C2 领导会很乐意倾听我在工作中遇到的麻烦	1	2	3	4	5
C3 领导认可我在工作中作出的卓越成就	1	2	3	4	5
C4 当我犯错误时，领导很乐意给予我改正的机会	1	2	3	4	5

二、个人信息（该信息不记名，请填写完整，数据仅供学术研究之用，谢谢！）

1. 您的性别：□男　　　　　□女
2. 婚姻状况：□已婚　　　　□未婚
3. 您的年龄：□25岁及以下　□26~30岁　□31~40岁
　　　　　　 □41~50岁　　 □50岁以上
4. 您的工作年限是：□3年以下　　　　□3~5年
　　　　　　　　　 □6~10年　　　　 □10年以上
5. 受教育程度：□高中或中专以下　　□高中或中专
　　　　　　　 □大专　　　　　　　□本科
　　　　　　　 □硕士及以上

时间点2

尊敬的先生/女士：

您好！非常感谢在百忙之中填写这份问卷！本问卷是一项学术调查，回答没有对错之分，问卷采用匿名形式，我们会对您的回答严格保密，请您根据自己的真实感受填答。您的帮助对本研究具有重要价值，谢谢支持！

请您仔细阅读下面的句子，请根据您的真实感受，回答以下问题，在选定的数字上打"√"。数字越小表示您越不同意，数字越大表示您越同意，答案没有对错之分，我们会为您的回答严格保密。

1	2	3	4	5
完全不同意	基本不同意	不确定	基本同意	完全同意

请您根据近两周来的工作情况进行真实感受作答

A1 我很有可能在下一年积极寻找一份新的工作	1　2　3　4　5
A2 我经常有离开现在的组织，放弃这份工作的想法	1　2　3　4　5
A3 如果有可能，我非常想获得一份新的工作	1　2　3　4　5

三、第 5 章调查问卷

员工部分

尊敬的先生/女士：

您好！非常感谢在百忙之中填写这份问卷！本问卷是一项学术调查，回答没有对错之分，问卷采用匿名形式，我们会对您的回答严格保密，请您根据自己的真实感受填答。您的帮助对本研究具有重要价值，谢谢支持！

请您仔细阅读下面的句子，请根据您的真实感受，回答以下问题，在选定的数字上打"√"。数字越小表示您越不同意，数字越大表示您越同意，答案没有对错之分，我们会为您的回答严格保密。

1	2	3	4	5
完全不同意	基本不同意	不确定	基本同意	完全同意

一、请您根据您的工作情况进行真实感受作答

A1 顾客轻视你或以居高临下的方式对待你	1	2	3	4	5
A2 顾客对你的观点视而不见	1	2	3	4	5
A3 顾客对你存在侮辱或贬损的评论	1	2	3	4	5
A4 顾客对你的工作表示不信任	1	2	3	4	5
B1 为保护自我利益，误导顾客是没有问题的	1	2	3	4	5
B2 为保护自我利益，对顾客隐匿不利信息是可以的	1	2	3	4	5
B3 为保护自我利益，不完全诚实是没问题的	1	2	3	4	5

二、下面是一些描述一个人品质特征的词语：

有爱心、富有同情心、公平、友好、慷慨、乐于助人、勤奋、诚实、善良

具有这些特质的人可能是你也可能是其他人。用几秒时间，在你脑海中将具有以上特质的人形象化，想象一下这个人是如何思考、感受和行动的。当你明确了这是怎样一个人之后，请回答下列问题：

C1 做一个拥有上述品行的人会让我感觉很好	1	2	3	4	5
C2 成为拥有上述品行的人对我来说很重要	1	2	3	4	5
C3 如果我具有上述品行，我会对此感到羞愧	1	2	3	4	5
C4 对我来说，拥有上述品行并不重要	1	2	3	4	5
C5 我强烈希望拥有上述品行	1	2	3	4	5

三、个人信息（该信息不记名，请填写完整，数据仅供学术研究之用，谢谢！）

1. 您的性别：□男　　　　　□女
2. 婚姻状况：□已婚　　　　□未婚
3. 您的年龄：□25 岁及以下　　□26～30 岁
　　　　　　□31～40 岁　　　□41 岁及以上
4. 您的工作年限是：□3 年及以下　□4～6 年
　　　　　　　　　□6～10 年　　□10 年以上
5. 受教育程度：□高中或中专以下　□高中或中专
　　　　　　　□大专　　　　　　□本科
　　　　　　　□硕士及以上

同事部分

尊敬的先生/女士：

您好！非常感谢在百忙之中填写这份问卷！本问卷是一项学术调查，回答没有对错之分，问卷采用匿名形式，我们会对您的回答严格保密，请您根据自己的真实感受填答。您的帮助对本研究具有重要价值，谢谢支持！

请您仔细阅读下面的句子，请根据您的真实感受，回答以下问题，在选定的数字上打"√"。数字越小表示您越不同意，数字越大表示您越同意，答案没有对错之分，我们会为您的回答严格保密。

1	2	3	4	5
完全不同意	基本不同意	不确定	基本同意	完全同意

请您根据近一个月来同事实施下列行为的概率进行真实感受作答

A1 以不友好的态度对待顾客	1	2	3	4	5
A2 在顾客需要的时候，故意催促顾客	1	2	3	4	5
A3 故意以不当的方式对待顾客	1	2	3	4	5
A4 为使事情变得更简单而忽视服务规则	1	2	3	4	5
A5 在顾客需要时故意放慢服务速度	1	2	3	4	5

参考文献

[1] 陈默,梁建.高绩效要求与亲组织不道德行为:基于社会认知理论的视角[J].心理学报,2017,49(1):94-105.

[2] 程豹,周星,郭功星.职场排斥视角下服务破坏动因及机制研究——基于酒店一线服务员工的实证研究[J].旅游学刊,2019,3(8):65-77.

[3] 程垦,林英晖.动机视角下的亲组织不道德行为[J].心理科学进展,2019,27(6):1111-1122.

[4] 程垦,林英晖.组织认同一定会促进亲组织非伦理行为吗?社会责任型人力资源管理的作用[J].心理科学,2019,42(3):688-694.

[5] 戴万稳.服务破坏行为动态过程系统分析模型研究[J].管理世界,2014(7):178-179.

[6] 丁桂凤,李新霞,赵瑞.服务破坏行为:概念、测量与相关变量[J].心理科学进展,2009,17(2):426-431.

[7] 董霞,高燕,马建峰.服务型领导对员工主动性顾客服务绩效的影响——基于社会交换与社会学习理论双重视角[J].旅游学刊,2018,33(6):61-72.

[8] 樊耘,马贵梅,颜静.社会交换关系对建言行为的影响——基于多对象视角的分析[J].管理评论,2014,26(12):68-77.

[9] 高日光.破坏性领导行为研究[M].上海:复旦大学出版社,2014:3.

[10] 李锐.职场排斥对员工职外绩效的影响:组织认同和工作投入的中介效应[J].管理科学,2010,23(3):23-31.

[11] 李晓艳,周二华.顾客言语侵犯对服务人员离职意愿的影响研

究：心理资本的调节作用［J］．南开管理评论，2012，15（2）：39－47．

［12］李燚．组织中的阴影——员工负面行为研究［M］．北京：经济管理出版社，2014：157－159．

［13］李育辉，王桢，黄灿炜，万罗蒙．辱虐管理对员工心理痛苦和工作绩效的影响：一个被调节的中介模型［J］．管理评论，2016，28（2）：127－137．

［14］刘凤军，李敬强，杨丽丹．企业社会责任、道德认同与员工组织公民行为关系研究［J］．中国软科学，2017（6）：117－129．

［15］刘汝萍，范广伟，马钦海．一线员工应对顾客不当行为的能力对同属顾客的影响研究［J］．管理学报，2018，15（1）：84－92．

［16］刘生敏，刘建博．责任型领导与员工绩效：社会学习还是戏剧表演？［J］．中国人力资源开发，2017（1）：23－30．

［17］刘小禹，刘军，许浚，吴蓉蓉．职场排斥对员工主动性行为的影响机制——基于自我验证理论的视角［J］．心理学报，2015，47（6）：826－836．

［18］彭坚，王霄．与上司"心有灵犀"会让你的工作更出色吗？——追随原型一致性、工作投入与工作绩效［J］．心理学报，2016，48（9）：1151－1162．

［19］申传刚，杨璟，胡三嫚，何培旭，李小新．辱虐管理的应对及预防：正念的自我调节作用［J］．心理科学进展，2020，28（2）：220－229．

［20］孙继德，黄宇，王新成，宣钰玮．辱虐管理对建筑工人流动意愿的影响——基于情绪耗竭和传统性作用［J］．工程管理学报，2019，33（5）：1－6．

［21］孙旭，严鸣，储小平．基于情绪中介机制的辱虐管理与偏差行为［J］．管理科学，2014，27（5）：69－79．

［22］汤雅军．辱虐领导对员工亲组织不道德行为影响［D］．南京大学，2019．

［23］王海珍，邱林丹，张若勇．辱虐管理与退缩行为：一个被调节的中介模型［J］．管理学季刊，2016，1（Z1）：123－140．

［24］王海珍．传统观念弱化了辱虐管理的消极影响吗？——传统性的两阶段调节效应研究［J］．经济管理，2020，42（2）：127－143．

[25] 王弘钰,刘丽丽. 服务业一线员工服务破坏的形成机制分析 [J]. 吉林大学社会科学学报,2017,57(6):106-114.

[26] 王娟,张喆,范文娜. 高绩效工作系统、心理契约违背与反生产行为之间的关系研究:一个被调节的中介模型 [J]. 管理工程学报,2018,32(2):8-16.

[27] 王小予,赵曙明,李智. 员工绩效对人际伤害行为的研究评述与展望 [J]. 管理学报,2019,16(9):1415-1422.

[28] 王小予. 员工绩效和家庭对工作干扰对不道德亲组织行为的影响研究:职责履行的中介作用 [D]. 南京大学,2019.

[29] 王艳子,李洋. 责任型领导与员工工作偏离行为的关系:一个被调节的中介效应模型 [J]. 中央财经大学学报,2019(11):105-114.

[30] 王宇清. 组织公正感对员工偏离行为的作用与机制——多对象社会交换观和情感观视角 [D]. 华中科技大学博士学位论文,2012:96-97.

[31] 文鹏,陈诚. 非伦理行为的"近墨者黑"效应——道德推脱的中介过程与个体特质的作用 [J]. 华中师范大学学报(人文社会科学版),2016,55(4):169-176.

[32] 吴明证,邵晓露,孙晓玲,李宁. 服务型领导、道德认同与UPB 的关系 [J]. 应用心理学,2017,23(2):152-161.

[33] 夏福斌. 员工不道德亲组织行为的前因与后果研究 [D]. 东北财经大学,2014.

[34] 谢俊,严鸣. 积极应对还是逃避?主动性人格对职场排斥与组织公民行为的影响机制 [J]. 心理学报,2016,48(10):1314-1325.

[35] 徐虹,梁佳,李惠璠,刘宇青. 顾客不当对待对旅游业一线员工公平感的差异化影响:权力的调节作用 [J]. 南开管理评论,2018,21(5):93-104.

[36] 徐琳,王济干,樊传浩. 授权型领导对员工亲组织非伦理行为的影响:一个链式中介模型 [J]. 科学学与科学技术管理,2018,39(6):109-121.

[37] 徐云飞,席猛,赵曙明. 员工—组织关系研究述评与展望 [J]. 管理学报,2017,14(3):466-474.

[38] 许勤,席猛,赵曙明. 辱虐管理与员工反生产行为的曲线关系研究 [J]. 经济管理, 2015 (6): 143-153.

[39] 严瑜,李彤. 工作场所不文明行为受害者向实施者反转的机制 [J]. 心理科学进展, 2018, 26 (7): 1307-1318.

[40] 严瑜,张振嘉. 组织公平在多层辱虐管理中的角色: 基于道德排除理论的多视角分析 [J]. 心理科学进展, 2017, 25 (1): 145-155.

[41] 杨继平,王兴超. 德行领导与员工不道德行为、利他行为: 道德推脱的中介作用 [J]. 心理科学, 2015, 38 (3): 693-699.

[42] 于伟,张鹏. 服务破坏研究述评和未来研究展望 [J]. 山东财经大学学报, 2015, 27 (2): 86-95.

[43] 余璇,陈维政. 整体公平感对员工工作偏离行为的影响研究——一个有调节的中介模型 [J]. 软科学, 2016, 30 (12): 63-66.

[44] 张静,宋继文,王悦. 工作场所正念: 研究述评与展望 [J]. 外国经济与管理, 2017, 39 (8): 56-70, 84.

[45] 张艳清,王晓晖,王海波. 组织情境下的不道德行为现象: 来自道德推脱理论的解释 [J]. 心理科学进展, 2016, 24 (7): 1107-1117.

[46] 张永军,张鹏程,赵君. 家长式领导对员工亲组织非伦理行为的影响: 基于传统性的调节效应 [J]. 南开管理评论, 2017, 20 (2): 169-179.

[47] 张永军. 伦理型领导与员工反生产行为: 领导信任、领导认同与传统性的作用 [J]. 管理评论, 2017, 29 (12): 106-115.

[48] 钟熙,王甜,罗溟元,宋铁波. 上下级关系与亲组织非伦理行为: 基于组织认同与自我牺牲型领导的作用 [J]. 科学学与科学技术管理, 2018, 39 (6): 122-135.

[49] 周如意,冯兵,熊婵,吴琼. 角色理论视角下自我牺牲型领导对员工组织公民行为的影响 [J]. 管理学报, 2019, 16 (7): 997-1005.

[50] Ambrose M. L., Schminke M. The Role of Overall Justice Judgments in Organizational Justice Research: A Test of Mediation [J]. Journal of Applied Psychology, 2009, 94 (2): 491-500.

[51] Ambrose M. L., Seabright M. A., Schminke M. Sabotage in the

Workplace: The Role of Organizational Injustice [J]. Organizational Behavior and Human Decision Processes, 2002, 89 (1): 947 – 965.

[52] Anderson J. C., Gerbing D. W. Structural Equation Modeling in Practice: A Review and Recommended Two – Step Approach [J]. Psychological Bulletin, 1988, 103 (3): 411 – 423.

[53] Andersson L. M., Pearson C. M. Tit for Tat? The Spiraling Effect of Incivility in the Workplace [J]. Academy of Management Review, 1999, 24 (3): 452 – 471.

[54] Aquino K., Reed A., Thau S., Freeman D. A Grotesque and Dark Beauty: How Moral Identity and Mechanisms of Moral Disengagement Influence Cognitive and Emotional Reactions to War [J]. Journal of Experimental Social Psychology, 2007, 43 (3): 385 – 392.

[55] Aquino K., Reed A. The Self – Importance of Moral Identity [J]. Journal of Personality and Social Psychology, 2002, 83 (6): 1423 – 1440.

[56] Aryee S., Chen Z. X., Sun L. Y., Debrah Y. A. Antecedents and Outcomes of Abusive Supervision: Test of a Trickle – Down Model [J]. Journal of Applied Psychology, 2007, 92 (1): 191 – 201.

[57] Bandura A. Mechanisms of Moral Disengagement in Terrorism. In W. Reich (Ed.), Origins of Terrorism: Psychologies, Ideologies, States of Mind [M]. New York: Cambridge University Press, 1990: 161 – 191.

[58] Bandura A. Social Cognitive Theory of Self – Regulation [J]. Organizational Behavior and Human Decision Processes, 1991, 50 (2): 248 – 287.

[59] Bandura A., Barbaranelli C., Caprara G. V., PastorelliC. Mechanisms of Moral Disengagement in The Exercise of Moral Agency [J]. Journal of Personality and Social Psychology, 1996, 71 (2): 364 – 374.

[60] Bandura A., Barbaranelli C., Caprara G., Pastorelli C., Regalia C. Sociocognitive Self – regulatory Mechanisms Governing Transgressive Behavior [J]. Journal of Personality and Social Psychology, 2001, 80 (1): 125 – 135.

[61] Bandura A. Moral Disengagement in the Perpetration of Inhumanities [J]. Personality and Social Psychology Review, 1999, 3 (3): 193 – 209.

[62] Bandura A. Social Foundations of Thought and Action: A Social Cognitive Theory [M]. Englewood Cliffs, NJ: Prentice – Hall, Inc, 1986.

[63] Barling J., Dupré K. E., Kelloway E. K. Predicting workplace aggression and violence [J]. Annual Review of Psychology, 2009 (60): 671 – 692.

[64] Baron R. M., Kenny D. A. The Moderator – mediator Variable Distinction in social Psychological Research: Conceptual, Strategic, and Statistical Considerations [J]. Journal of Personality and Social Psychology, 1988, 51 (6): 1173 – 1182.

[65] Baron R. A., Zhao H., Miao Q. Personal motives, moral disengagement, and unethical decisions by entrepreneurs: Cognitive mechanisms on the "slippery slope". [J]. Journal of Business Ethics, 2015, 128 (1): 107 – 118.

[66] Bauer D. J., Preacher K. J., Gil K. M. Conceptualizing and testing random indirect effects and moderated mediation in multilevel models: New procedures and recommendations [J]. Psychological Methods, 2006, 11 (2): 142 – 163.

[67] Bennett R. J., Robinson S. L. Development of a measure of workplace deviance [J]. Journal of Applied Psychology, 2000, 85 (3): 349 – 360.

[68] Bernerth J. B., Aguinis H. A critical review and best – practice recommendations for control variable usage [J]. Personnel Psychology, 2016, 69 (1): 229 – 283.

[69] Berntson E., Swall K., Sverke M. Investigating the relationship between employability and self – efficacy: A cross – lagged analysis [J]. European Journal of Work and Organizational Psychology, 2008, 17 (4): 413 – 425.

[70] Berry C. M., Ones D. S., Sackett P. R. Interpersonal deviance, organizational deviance, and their common correlates: A review and meta – analysis [J]. Journal of Applied Psychology, 2007, 92 (2): 410 – 424.

[71] Bies R. J., Moag J. S. Interactional Justice: Communication Criteria of Fairness [A]. Lewicki R. J., Sheppard B. H., Bazerman B. H. Re-

search on Negotiation in Organizations [C]. Greenwich, CT: JAI Press, 1986: 43 – 55.

[72] Bowler W. M., Brass D. J. Relational Correlates of Interpersonal Citizenship Behavior: A Social Network Perspective [J]. Journal of Applied Psychology, 2006, 91 (1): 70 – 82.

[73] Brockner J., Grover S. L., Blonder M. D. Predictors of survivors' job involvement following layoffs: A field study [J]. Journal of Applied Psychology, 1988, 73 (3): 436 – 442.

[74] Brown M. E., Trevino L. K., Harrison D. A. Ethical leadership: A social learning perspective for construct development and testing [J]. Organizational Behavior and Human Decision Processes, 2005, 97 (2): 117 – 134.

[75] Bunk J. A., Magley V. J. The Role of Appraisals and Emotions in Understanding Experiences of Workplace Incivility [J]. Journal of Occupational Health Psychology, 2013, 18 (1): 87 – 105.

[76] Carlson D. S., Grzywacz J. G., Zivnuska S. Work – Family Balance: Is Balance More Than Conflict and Enrichment? [J]. Human Relations, 2009, 62 (10): 1459 – 1486.

[77] Caza B. B., Cortina L. M. From Insult to Injury: Explaining the Impact of Incivility [J]. Basic and Applied Social Psychology, 2007, 29 (4): 335 – 350.

[78] Chen M., Chen C. C., Sheldon O. J. Relaxing Moral Reasoning to Win: How Organizational Identification Relates to Unethical Pro – Organizational Behavior [J]. Journal of Applied Psychology, 2016, 101 (8): 1082 – 1096.

[79] Chen Y., Ferris D. L., Kwan M., Yan M., Zhou M., Hong Y. Self – love's Lost Labor: A Self – enhancement Model of Workplace Incivility [J]. Academy of Management Journal, 2013, 56 (4): 1199 – 1219.

[80] Chen P. Y., Spector P. E. Relationships of Work Stressors with Aggression, Withdrawal, Theft and Substance Use: An Exploratory Study [J]. Journal of Occupational and Organizational Psychology, 1992, 65 (3): 177 – 184.

[81] Cheng B. S., Jiang D. Y., Riley J. H. Organizational Commit-

ment, Supervisory Commitment, and Employee Outcomes in the Chinese Context: Proximal Hypothesis or Global Hypothesis? [J]. Journal of Organizational Behavior, 2003, 24 (3): 313 – 334.

[82] Cheng G. H., Chan D. K. Who suffers more from job insecurity? A meta – analytic review [J]. Applied Psychology: An International Review, 2008, 57 (2): 272 – 303.

[83] Chi N. W., Grandey A. A. Emotional Labor Predicts Service Performance Depending on Activation and Inhibition Regulatory Fit [J]. Journal of Management, 2019, 45 (2): 673 – 700.

[84] Chi N. W., Tsai W. C., Tseng S. M. Customer Negative Events and Employee Service Sabotage: The Roles of Employee Hostility, Personality and Group Affective Tone [J]. Work & Stress, 2013, 27 (3): 298 – 319.

[85] Christian M. S., Ellis A. P. J. Examining the Effects of Sleep Deprivation on Workplace Deviance: A Self – Regulatory Perspective [J]. Academy of Management Journal, 2011, 54 (5): 913 – 934.

[86] Christian J. S., Ellis A. P. J. The Crucial Role of Turnover Intentions in Transforming Moral Disengagement into Deviant Behavior at Work [J]. Journal of Business Ethics, 2014, 119 (1): 193 – 208.

[87] Claybourn M. Relationships Between Moral Disengagement, Work Characteristics and Workplace Harassment [J]. Journal of Business Ethics, 2011, 100 (1): 283 – 301.

[88] Colquitt J. A. On the Dimensionality of Organizational Justice: A Construct Validation of a Measure [J]. Journal of Applied Psychology, 2001, 86 (3): 386 – 400.

[89] Cortina L. M. Unseen Injustice: Incivility as Modern Discrimination in Organizations [J]. Academy of Management Review, 2008, 33 (1): 55 – 75.

[90] Cortina L. M., Magley V. J., Williams J. H., Langhout R. D. Incivility at the Workplace: Incidence and Impact [J]. Journal of Occupational Health Psychology, 2001, 6 (1): 64 – 80.

[91] Cropanzano R., Byrne Z. S., Bobocel D. R., Rupp D. E. Moral

Virtues, Fairness Heuristics, Social Entities, and Other Denizens of Organizational Justice [J]. Journal of Vocational Behavior, 2001, 58 (2): 164 – 209.

[92] Dai Y. D., Chen K. Y., Zhuang W. L. Moderating Effect of Work – Family Conflict on the Relationship Between Leader – Member Exchange and Relative Deprivation: Links to Behavioral Outcomes [J]. Tourism Management, 2006, 54 (1): 369 – 382.

[93] Dai Y – D., Zhuang W – L., Hsu S – Y., Huan T – C. Good or Bad Staff? Hotel Employees' Core Self – Evaluations Impacting Service Effort and Service Sabotage Considering Leader – Member Exchange Moderation [J]. Tourism Management Perspectives, 2019, 32 (1): 1 – 9.

[94] Davy J. A., Kinicki A. J., Scheck C. L. A Test of Job Security's Direct and Mediated Effects on Withdrawal Cognitions [J]. Journal of Organizational Behavior, 1997, 18 (4): 323 – 349.

[95] Detert J. R., Treviño L. K., Sweitzer V. L. Moral Disengagement in Ethical Decision Making: A Study of Antecedents and Outcomes [J]. Journal of Applied Psychology, 2008, 93 (2): 374 – 391.

[96] Diener E., Emmons R. A., Larsen R. J., Griffiin S. The Satisfaction with Life Scale [J]. Journal of Personality Assessment, 1985, 49 (1): 71 – 75.

[97] Duffy M. K., Ganster D. C., Pagon M. Social Undermining in the Workplace [J]. Academy of Management Journal, 2002, 45 (2): 331 – 351.

[98] Duffy M. K., Scott K. L., Shaw J. D., Tepper B. J., Aquino K. A Social context model of envy and social undermining [J]. Academy of Management Journal, 2012, 55 (3): 643 – 666.

[99] Edwards J. R., Lambert L. S. Methods for integrating moderation and mediation: A general analytical framework using moderated path analysis [J]. Psychological Methods, 2007, 12 (1): 1 – 22.

[100] Eisenberger R., Stinglhamber F., Vandenberghe C., Sucharski I. L., Rhoades L. Perceived supervisor support: Contributions to perceived organizational support and employee retention. Journal of Applied Psychology [J]. 2002, 87 (3): 565 – 573.

[101] Emerson R. M. Power-dependence relations [J]. American Sociological Review, 1962, 27 (1): 31-41.

[102] Enders C. K., Bandalos D. L. The relative performance of full information maximum likelihood estimation for missing data in structural equation models [J]. Structural Equation Modeling, 2001, 8 (3): 430-457.

[103] Evans M. G. A Monte Carlo study of the effects of correlated method variance in moderated multiple regression analysis [J]. Organizational Behavior and Human Decision Processes, 1985, 36 (3): 305-323.

[104] Ferris G. R., Witt L. A., Hochwarter W. A. Interaction of social skill and general mental ability on job performance and salary [J]. Journal of Applied Psychology, 2001, 86 (6): 1075-1082.

[105] Foulk T., Woolum A., ErezA. Catching Rudeness Is Like Catching a Cold: The Contagion Effects of Low-Intensity Negative Behaviors [J]. Journal of Applied Psychology, 2016, 101 (1): 50-67.

[106] Fox S., Spector P. E., Miles D. Counterproductive work behavior (CWB) in response to job stressors and organizational justice: Some mediator and moderator tests for autonomy and emotions [J]. Journal of Vocational Behavior, 2001, 59 (3): 291-309.

[107] Galinsky A. D., Magee J. C., Gruenfeld D. H., Whitson J. A., Liljenquist K. A. Power reduces the press of the situation: Implications for creativity, conformity, and dissonance [J]. Journal of Personality and Social Psychology, 2008, 95 (6): 1450-1466.

[108] Gallus J. A., Bunk J. A., Matthews R. A., Barnes-Farrell J. L., Magley V. J. An Eye for an Eye? Exploring the Relationship Between Workplace Incivility Experiences and Perpetration [J]. Journal of Occupational Health Psychology, 2014, 19 (2): 143-154.

[109] Ganster D. C., Rosen C. R. Work Stress and Employee Health: A Multidisciplinary Review [J]. Journal of Management, 2013, 39 (5): 1085-1122.

[110] Giumetti G. W., Hatfield A. L., Scisco J. L., Schroeder A. N., Muth E. R., Kowalski, R. M. What a Rude E-Mail! Examining the Differen-

tial Effects of Incivility Versus Support on Mood, Energy, Engagement, and Performance in an Online Context [J]. Journal of Occupational Health Psychology, 2013, 18 (3): 297 – 309.

[111] Gosling S. D., Rentfrow P. J., Swann W. B. A very brief measure of the Big – Five personality domains [J]. Journal of Research in Personality, 2003, 37 (6): 504 – 528.

[112] Graen, G. B., Uhl – Bien M. Relationship – based approach to leadership: Development of leader – member exchange (LMX) theory of leadership over 25 years: Applying a multilevel multi – domain perspective [J]. Leadership Quarterly, 1995, 6 (2): 219 – 247.

[113] Graen G. B., Orris J. B., Johnson T. W. Role assimilation processes in a complex organization [J]. Journal of Vocational Behavior, 1973, 3 (4): 395 – 420.

[114] Graham K A, Ziegert J C, Capitano J. The effect of leadership style, framing, and promotion regulatory focus on unethical pro – organizational behavior [J]. Journal of business ethics, 2015, 126 (3): 423 – 436.

[115] Greenbaum R. L., Quade M. J., Mawritz M. B., Kim J., Crosby D. When the Customer Is Unethical: The Explanatory Role of Employee Emotional Exhaustion Onto Work – Family Conflict, Relationship Conflict With Coworkers, and Job Neglect [J]. Journal of Applied Psychology, 2014, 99 (6): 1188 – 1203.

[116] Greenbaum R. L., Mawritz M. B., Mayer, D .M., Priesemuth M. To Act Out, to Withdraw, or to Constructively Resist? Employee Reactions to Supervisor Abuse of Customers and the Moderating Role of Employee Moral Identity [J]. Human Relations. 2013, 66 (7): 925 – 950.

[117] Greenhalgh L., Rosenblatt Z. Job insecurity: Toward conceptual clarity [J]. Academy of Management Review, 1984, 9 (3): 438 – 448.

[118] Griffeth R. W., Steel R. P., Allen D. G., Bryan N. The development of a multidimensional measure of job market cognitions: The employment opportunity index (EOI) [J]. Journal of Applied Psychology, 2005, 90 (2): 335 – 349.

[119] Griffeth R. W., Hom P. W., Gaertner S. A meta-analysis of antecedents and correlates of employee turnover: Updates, moderator tests and research implications for the nextmillennium [J]. Journal of Management, 2000, 26 (3): 463-488.

[120] Gruenfeld D. H., Inesi M. E., Magee J. C., Galinsky A. D. Power and the objectification of social targets [J]. Journal of Personality and Social Psychology, 2008, 95 (1): 111-127.

[121] Hall R. J. Item parceling strategies in SEM: Investigating the subtle effects of unmodeled secondary constructs [J]. Organizational Research Methods, 1999, 2 (3): 233-256.

[122] Hannah S. T., Avolio B. J., May D. R. Moral Maturation and Moral Conation: A Capacity Approach to Explaining Moral Thought and Action [J]. Academy of Management Review, 2011, 36 (4): 663-685.

[123] Harold C. M., Holtz B. C. The Effects of Passive Leadership on Workplace Incivility [J]. Journal of Organizational Behavior, 2015, 36 (1): 16-38.

[124] Harris L. C., Ogbonna E. Motives for service sabotage: An empirical study of front-line workers [J]. The Service Industries Journal, 2012, 32 (13): 2027-2046.

[125] Harris L. C., Ogbonna E. Service sabotage: The dark side of service dynamics [J]. Business Horizons, 2009, 52 (4): 325-335.

[126] Harris L. C., Reynolds K. L. The consequences of dysfunctional customer behavior [J]. Journal of Service Research, 2003, 6 (2): 144-161.

[127] Hayes A. F. Introduction to Mediation, Moderation, and Conditional Process Analysis: A Regression-based Approach [M]. New York, NY: Guilford Press, 2013: 106-107.

[128] HellgrenJ., Sverke M. Does job insecurity lead to impaired well-being or vice versa? Estimation of cross-lagged effects using latent variable modelling [J]. Journal of Organizational Behavior, 2003, 24 (2): 215-236.

[129] Hennig-Thurau T., Groth M., Paul M., Gremler D. D. Are all smiles created equal? How emotional contagion and emotional labor affect service

relationships [J]. Journal of Marketing, 2006, 70 (3): 58 – 73.

[130] Higgins E. T. Making a good decision: Value from fit [J]. American Psychologist, 2000, 55 (11): 1217 – 1230.

[131] Hogan R., Shelton D. A socioanalytic perspective on job performance [J]. Human Performance, 1998, 11 (2 – 3): 129 – 144.

[132] Huang G. H., Wellman N., Ashford S. J., Lee C., Wang L. Deviance and Exit: The Organizational Costs of Job Insecurity and Moral Disengagement [J]. Journal of Applied Psychology, 2017, 102 (1): 26 – 42.

[133] Huang L. L. Are You Tired? Spillover and Crossover Effects of Emotional Exhaustion on the Family Domain [J]. Asian Journal of Social Psychology, 2015, 18 (1): 22 – 32.

[134] Huang G. – H., Niu X., Lee C., Ashford S. J. Differentiating cognitive and affective job insecurity: Antecedents and outcomes [J]. Journal of Organizational Behavior, 2012, 33 (6): 752 – 769.

[135] Huang G. – H., Zhao H. H., Niu X., Ashford S. J., Lee C. Reducing job insecurity and increasing performance ratings: Does impression management matter? [J]. Journal of Applied Psychology, 2013, 98 (5): 852 – 862.

[136] Huang J., Chiarburu D., Zhang X., Li N., Grandey A. Rising to the challenge: Deep acting is more impactful when tasks are appraised as challenging [J]. Journal of Applied Psychology, 2015, 100 (5): 1381 – 1397.

[137] Hui C., Lee C., Rousseau D. M. Psychological contract and organizational citizenship behavior in China: Investigating generalizability and instrumentality [J]. Journal of Applied Psychology, 2004, 89 (2): 311 – 321.

[138] Hülsheger U. R., Schewe A. F. On the costs and benefits of emotional labor: A meta – analysis of three decades of research [J]. Journal of Occupational Health Psychology, 2011, 16 (3): 361 – 389.

[139] Hülsheger U. R., Lang J. W. B., Maier G. W. Emotional labor, strain, and performance: Testing reciprocal relationships in a longitudinal panel study [J]. Journal of Occupational Health Psychology, 2010, 15 (4): 505 – 521.

[140] Johnson R. E., Lanaj K., Barnes C. M. The Good and Bad of Be-

ing Fair: Effects of Procedural and Interpersonal Justice Behaviors on Regulatory Resources [J]. Journal of Applied Psychology, 2014, 99 (4): 635 – 650.

[141] Johnson P. D., Smith M. B., Wallace J. C., Hill A. D., Baron R. A. A review of multilevel regulatory focus in organizations [J]. Journal of Management, 2015, 41 (5): 1501 – 1529.

[142] Judge T. A., Colquitt J. A. Organizational Justice and Stress: The Mediating Role of Work – Family Conflict [J]. Journal of Applied Psychology, 2004, 89 (3): 395 – 404.

[143] Kao F – H., Cheng B – S., Kuo C – C., Huang M – P. Stressors, Withdrawal, and Sabotage in Frontline Employees: The Moderating Effects of Caring and Service Climates [J]. Journal of Occupational and Organizational Psychology, 2014, 87 (4): 755 – 780.

[144] Kay A., Wheeler S. C., Bargh J. A., Ross L. Material priming: The influence of mundane physical objects on situational construal and competitive behavioral choice [J]. Organizational Behavior and Human Decision Processes, 2004, 95 (1): 83 – 96.

[145] Kennedy J. A., Kray L. J., Gillian K. G. A Social – Cognitive Approach to Understanding Gender Differences in Negotiator Ethics: The Role of Moral Identity [J]. Organizational Behavior and Human Decision Processes, 2017, 138 (1): 28 – 44.

[146] Kern M. C., Chugh D. Bounded ethicality: The perils of loss framing [J]. Psychological Science, 2009, 20 (3): 378 – 384.

[147] Kirves K., Kinnunen U., De Cuyper N., Mäkikangas A. Trajectories of perceived employability and their associations with well – being at work: A three wave study. Journal of Personnel Psychology, 2014, 13 (1): 46 – 57.

[148] Kish – Gephart J. J., Detert J., Treviño L. K., Baker V., Martin S. Situational Moral Disengagement: Can the Effects of Self – Interest Be Mitigated? [J]. Journal of Business Ethics, 2014, 125 (2): 267 – 285.

[149] Knyazev G. G., Slobodskaya H. R. Personality types and behavioral activation and inhibition in adolescents [J]. Personality and Individual Differences, 2006, 41 (8): 1385 – 1395.

[150] Konovsky M. A., Cropanzano R. Perceived Fairness of Employee Drug Testing as a Predictor of Employee Attitudes and Job Performance [J]. Journal of Applied Psychology, 1991, 76 (5): 698 – 707.

[151] Kopelman R. E., Greenhaus J. H., Connolly T. F. A Model of Work, Family, and Inter – Role Conflict: A Construct Validation Study [J]. Organizational Behavior & Human Performance, 1983, 32 (2): 198 – 215.

[152] Lammers J., Stapel D. A., Galinsky A. D. Power increases hypocrisy: Moralizing in reasoning, immorality in behavior [J]. Psychological Science, 2010, 21 (5): 737 – 744.

[153] Lanaj K., Chang C. – H., Johnson R. E. Regulatory focus and work – related outcomes: A meta – analysis [J]. Psychological Bulletin. 2012, 138 (5): 998 – 1034.

[154] Lance C., Vandenberg R., Self R. Latent growth models of individual change: The case of newcomer adjustment [J]. Organizational Behavior and Human Decision Processes, 2000, 83 (1): 107 – 140.

[155] Lee A, Schwarz G, Newman A, Legood A. Investigating when and why psychological entitlement predicts unethical pro – organizational behavior [J]. Journal of Business Ethics, 2019, 154 (1): 109 – 126.

[156] Lee K. Y., Kim E., Bhave D. P., Duffy M. K. Why Victims of Undermining at Work Become Perpetrators of Undermining: An Integrative Model [J]. Journal of Applied Psychology, 2016, 101 (6): 915 – 924.

[157] Lee V. B., Spector P. E. The Social Stressors Counterproductive Work Behaviors Link: Are Conflicts with Supervisors and Coworkers The Same? [J] Journal of Occupational Health Psychology, 2006, 11 (2): 145 – 156.

[158] Liang H Y, Chu C Y, Lin J S C. Engaging customers with employees in serviceencounters [J]. Journal of Service Management, 2020 in press.

[159] Liao H., Chuang A. A multilevel investigation of factors influencing employee service performance and customer outcomes [J]. Academy of Management Journal, 2004, 47 (1): 41 – 58.

[160] Lim S., Cortina L. M., Magley V. J. Personal and Workgroup Incivility: Impact on Work and Health Outcomes [J]. Journal of Applied Psychol-

ogy, 2008, 93 (1): 95 - 107.

[161] Lim S., Cortina L. M. Interpersonal Mistreatment in the Workplace: The Interface and Impact of General Incivility and Sexual Harassment [J]. Journal of Applied Psychology, 2005, 90 (3): 483 - 496.

[162] Lim S., Lee A. Work and Nonwork Outcomes of Workplace Incivility: Does Family Support Help? [J]. Journal of Occupational Health Psychology, 2011, 16 (1): 95 - 111.

[163] Little L. M., Kluemper D., Nelson D. B., Ward A. More than Happy to Help? Customer - Focused Emotion Management Strategies [J]. Personnel Psychology, 2013, 66 (1): 261 - 286.

[164] Little T. D., Cunningham W. A., Shahar G., Widaman K. F. To parcel or not to parcel: Exploring the question, weighing the merits [J]. Structural Equation Modeling, 2002, 9 (2): 151 - 173.

[165] Liu J., Kwan H. K., Lee C., Hui C. Work - to - Family Spillover Effects of Workplace Ostracism: The Role of Work - Home Segmentation Preferences [J]. Human Resource Management, 2013, 52 (1): 75 - 94.

[166] Loi R., Yang J., Diefendorff J. M. Four - Factor Justice and Daily Job Satisfaction: A Multilevel Investigation [J]. Journal of Applied Psychology, 2009, 94 (3): 770 - 781.

[167] Long E. C., Christian M. S. Mindfulness Buffers Retaliatory Responses to Injustice: A Regulatory Approach [J]. Journal of Applied Psychology, 2015, 100 (5): 1409 - 1422.

[168] Lykken D. T. Statistical significance in psychological research [J]. Psychological Bulletin, 1968, 70 (3): 151 - 159.

[169] Manczak E. M., Zapata - Gietl C., McAdams D. P. Regulatory focus in the life story: Prevention and promotion as expressed in three layers of personality [J]. Journal of Personality and Social Psychology, 2014, 106 (1): 169 - 181.

[170] Martinez - Corts I., Demerouti E., Bakker A. B., Boz M. Spillover of Interpersonal Conflicts From Work into Nonwork: A Daily Diary Study [J]. Journal of Occupational Health Psychology, 2015, 20 (3): 326 - 337.

[171] Matta F. K., Erol-Korkmaz H. T., Johnson R. E., Biçaksiz P. Significant Work Events and Counterproductive Work Behavior: The Role of Fairness, Emotions, and Emotion Regulation [J]. Journal of Organizational Behavior, 2014, 35 (7): 920-944.

[172] Mauss I. B., Bunge S. A., Gross J. J. Automatic emotion regulation [J]. Social and Personality Psychology Compass, 2007, 1 (1): 146-167.

[173] Mayer D. M., Aquino K., Greenbaum R. L., Kuenzi M. Who Displays Ethical Leadership, and Why Does It Matter? An Examination of Antecedents and Consequences of Ethical Leadership [J]. Academy of Management Journal, 2012, 55 (1): 151-171.

[174] Mayer D. M., Thau S., Workman K. M., Van Dijke M., De Cremer D. Leader Mistreatment, Employee Hostility, and Deviant Behaviors: Integrating Self-Uncertainty and Thwarted Needs Perspectives on Deviance [J]. Organizational Behavior and Human Decision Processes, 2012, 117 (1): 24-40.

[175] McCrae R. R., John O. P. An introduction to the five-factor model and its applications [J]. Journal of Personality, 1992, 60 (2): 175-215.

[176] Michel J. S., Mitchelson J. K., Kotrba L. M., LeBreton J. M., Baltes B. B. A Comparative Test of Work-Family Conflict Models and Critical Examination of Work-Family Linkages [J]. Journal of Vocational Behavior, 2009, 74 (2): 199-218.

[177] Miner K. N., Settles I. H., Pratt-Hyatt J. S. Experiencing Incivility in Organizations: The Buffering Effects of Emotional and Organizational Support [J]. Journal of Applied Social Psychology, 2012, 42 (2): 340-372.

[178] Mitchell M. S., Ambrose M. L. Abusive supervision and workplace deviance and the moderating effects of negative reciprocity beliefs [J]. Journal of Applied Psychology, 2007, 92 (4): 1159-1168.

[179] Moore C., Detert J. R., KlebeTreviño L., Baker V., Mayer D. M. Why employees do bad things: Moral disengagement and unethical organiza-

tional behavior [J]. Personnel Psychology, 2012, 65 (1): 1 – 48.

[180] Moore C., Detert J. R., Treviño L. K., Baker V. L., Mayer D. M. Why Employees Do Bad Things: Moral Disengagement and Unethical Organizational Behavior [J]. Personnel Psychology, 2012, 65 (1): 1 – 48.

[181] Morrison E. W., Robinson S. L. When employees feel betrayed: A model of how psychological contract violation develops [J]. Academy of Management Review, 1997, 22 (1): 226 – 256.

[182] Nasr L., Burton J., Gruber T. When Good News is Bad News: The Negative Impact of Positive Customer Feedback on Front – Line Employee Well – Being [J]. Journal of Services Marketing, 2015, 29 (6/7): 599 – 612.

[183] Ng T. W. H., Feldman D. C. The relationship of age to ten dimensions of job performance [J]. Journal of Applied Psychology, 2008, 93 (2): 392 – 423.

[184] Nielsen I. K., Jex S. M., Adams G. A. Development and Validation of Scores on A Two – Dimensional Workplace Friendship Scale [J]. Educational and Psychological Measurement, 2000, 60 (4): 628 – 643.

[185] O'Reilly J., Aquino K. A Model of Third Parties' Morally Motivated Responses to Mistreatment in Organizations [J]. Academy of Management Review, 2011, 36 (3): 526 – 543.

[186] Ogunfowora B. When the Abuse is Unevenly Distributed: The Effects of Abusive Supervision Variability on Work Attitudes and Behaviors [J]. Journal of Organizational Behavior, 2013, 34 (8): 1105 – 1123.

[187] Oldham G. R., Kulik C. T., Stepina L. P., Ambrose M. L. Relations between situational factors and the comparative referents used by employees [J]. Academy of Management Journal, 1986, 29 (3): 599 – 608.

[188] Othman N, Yee C S. Empowering teaching, learning, and supervision through coaching in action research [J]. Journal of Management Research, 2015, 7 (2): 98 – 108.

[189] Pearson C., Porath C. The Cost of Bad Behavior: How Incivility is Damaging Your Business and What to Do about It [M]. New York: Penguin, 2009: 12.

[190] Pearson C. M., Andersson L. M., Porath C. L. Assessing and Attacking Workplace Incivility [J]. Organizational Dynamics, 2000, 29 (2): 123-137.

[191] Pearson C. M., Andersson L. M., Wegner J. W. When Workers Flout Convention: A Study of Workplace Incivility [J]. Human Relations, 2001, 54 (11): 1387-1419.

[192] Pfeffer J. The ambiguity of leadership [J]. Academy of Management Review, 1977, 2 (1): 104-112.

[193] Piccolo R. F., Judge T. A., Takahashi K., Watanabe N., Locke E. A. Core self-evaluations in Japan: Relative effects on job satisfaction, life satisfaction, and happiness [J]. Journal of Organizational Behavior, 2005, 26 (8): 965-984.

[194] Podolny J. M., Khurana R., Hill-Popper M. Revisiting the meaning of leadership [J]. Research in Organizational Behavior, 2004 (26): 1-36.

[195] Podsakoff N. P., LePine J. A., LePine M. A. Differential challenge stressor hindrance stressor relationships with job attitudes, turnover intentions, turnover, and withdrawal behavior: A meta-analysis [J]. Journal of Applied Psychology, 2007, 92 (2): 438-454.

[196] Podsakoff P. M., MacKenzie S. B., Podsakoff N. P. Sources of method bias in social science research and recommendations on how to control it [J]. Annual Review of Psychology, 2012 (63): 539-569.

[197] Podsakoff P. M., MacKenzie S. B., Lee J. Y., Podsakoff N. P. Common method biases in behavioral research: A critical review of the literature and recommended remedies [J]. Journal of Applied Psychology, 2003, 88 (5): 879-903.

[198] Porath C. L., Pearson C. The Price of Incivility [J]. Harvard Business Review, 2013, 91 (1/2): 115-121.

[199] Porath C. L., Pearson C. M. Emotional and Behavioral Responses to Workplace Incivility and the Impact of Hierarchical Status [J]. Journal of Applied Social Psychology, 2012, 42 (S1): E326-E357.

[200] Porath C. L., Pearson C. M. The Cost of Bad Behavior [J]. Or-

ganizational Dynamics, 2010, 39 (1): 64 – 71.

[201] Preacher K. J., Hayes A. F. Asymptotic and Resampling Strategies for Assessing and Comparing Indirect Effects in Multiple Mediator Models [J]. Behavior Research Methods, 2008, 40 (3): 879 – 891.

[202] Price L. L., Arnould E. J., Tierney P. Going to Extremes: Managing Service Encounters and Assessing Provider Performance [J]. Journal of Marketing, 1995, 59 (2): 83 – 97.

[203] Probst T. M., Stewart S. M., Gruys M. L., Tierney B. W. Productivity, counterproductivity and creativity: The ups and downs of job insecurity [J]. Journal of Occupational and Organizational Psychology, 2007, 80 (3): 479 – 497.

[204] Raub S. Does bureaucracy kill individual initiative: The impact of structure on organizational citizenship behavior in the hospitality industry [J]. International Journal of Hospitality Management, 2008, 27 (2): 179 – 186.

[205] Reed A., Aquino K. Moral Identity and the Expanding Circle of Moral Regard Toward Out – Groups [J]. Journal of Personality and Social Psychology, 2003, 84 (6): 1270 – 1286.

[206] Reisel W. D., Probst T. M., Chia S. – L., Maloles C. M., König C. J. The effects of job insecurity on job satisfaction, organizational citizenship behavior, deviant behavior, and negative emotions of employees [J]. International Studies of Management & Organization, 2010, 40 (1): 74 – 91.

[207] Restubog S. L. D., Scott K. L., Zagenczyk T. J. When Distress Hits Home: The Role of Contextual Factors and Psychological Distress in Predicting Employees' Responses to Abusive Supervision [J]. Journal of Applied Psychology, 2011, 96 (4): 713 – 729.

[208] Reynolds S. J., Ceranic T. L. The Effects of Moral Judgment and Moral Identity on Moral Behavior: An Empirical Examination of the Moral Individual [J]. Journal of Applied Psychology, 2007, 92 (6): 1610 – 1624.

[209] Rosen C. C., Koopman J., Gabriel A. S., Johnson R. E. Who Strikes Back? A Daily Investigation of When and Why Incivility Begets Incivility [J]. Journal of Applied Psychology, 2016, 101 (11): 1620 – 1634.

[210] Rusting C. L., DeHart T. Retrieving Positive Memories to Regulate Negative Mood: Consequences for Mood – Congruent Memory [J]. Journal of Personality and Social Psychology, 2000, 78 (4): 737 – 752.

[211] Sakurai K., Jex S. M. Coworker Incivility and Incivility Targets' Work Effort and Counterproductive Work Behaviors: The Moderating Role of Supervisor Social Support [J]. Journal of Occupational Health Psychology, 2012, 17 (2): 150 – 161.

[212] Samnani A. – K., Salamon S. D., Singh P. Negative affect and counterproductive workplace behavior: The moderating role of moral disengagement and gender [J]. Journal of Business Ethics, 2014, 119 (2): 235 – 244.

[213] Sarfino E. P. Health Psychology: Biopsychosocial Interactions (3rd ed.) [M]. New York: John Wiley, 1997.

[214] Sayre G M, Grandey A A, Chi N W. From cheery to "cheers"? Regulating emotions at work and alcohol consumption after work [J]. Journal of applied psychology, 2019.

[215] Schilpzand P., De Pater I. E., Erez A. Workplace Incivility: A Review of the Literature and Agenda for Future Research [J]. Journal of Organizational Behavior, 2016, 37 (S1): S57 – S88.

[216] Shoss M K, Eisenberger R, Restubog S L D, Zagenczyk T. J. Blaming the organization for abusive supervision: The roles of perceived organizational support and supervisor's organizational embodiment [J]. Journal of Applied Psychology, 2013, 98 (1): 158 – 168.

[217] Shrout P. E., Bolger N. Mediation in experimental and nonexperimental studies: New procedures and recommendations [J]. Psychological Methods, 2002, 7 (4): 422 – 445.

[218] Shu L. L., Gino F. Sweeping dishonesty under the rug: How unethical actions lead to forgetting of moral rules [J]. Journal of Personality and Social Psychology, 2012, 102 (6): 1164 – 1177.

[219] Shu L. L., Gino F., Bazerman M. H. Dishonest deed, clear conscience: When cheating leads to moral disengagement and motivated forgetting [J]. Personality and Social Psychology Bulletin, 2011, 37 (3): 330 – 349.

［220］Siemsen E., Roth A., Oliveira P. Common method bias in regression models with linear, quadratic, and interaction effects ［J］. Organizational Research Methods, 2010, 13（3）: 456-476.

［221］Skarlicki D. P., van Jaarsveld D. D., Walker D. D. Getting even for Customer Mistreatment: The Role of Moral Identity in the Relationship Between Customer Interpersonal Injustice and Employee Sabotage ［J］. Journal of Applied Psychology, 2008, 93（6）: 1335-1347.

［222］Skitka L. J. Of different minds: An accessible identity model of justice reasoning ［J］. Personality and Social Psychology Review, 2003, 7（4）: 286-297.

［223］Skoe E. E. A., Cumberland A., Eisenberg N., Hansen K., Perry J. The influences of sex and gender-role identity on moral cognition and prosocial personality traits ［J］. Sex Roles, 2002, 46（9-10）: 295-309.

［224］Sliter M., Jex S., Wolford K., McInnerney J. How Rude! Emotional Labor as a Mediator Between Customer Incivility and Employee Outcomes ［J］. Journal of Occupational Health Psychology, 2010, 51（4）: 468-481.

［225］Solomon M. R., Surprenant C., Czepiel J. A., Gutman E. G. A Role Theory Perspective on Dyadic Interactions: The Service Encounter ［J］. Journal of Marketing, 1985, 49（1）: 99-111.

［226］Spector P. E., Fox S. An Emotion-Centered Model of Voluntary Work Behavior: Some Parallels Between Counterproductive Work Behavior and Organizational Citizenship Behavior ［J］. Human Resource Management Review, 2002, 12（2）: 269-292.

［227］Spencer S. J., Zanna M. P., Fong G. T. Establishing a causal chain: Why experiments are often more effective than mediational analyses in examining psychological processes ［J］. Journal of Personality and Social Psychology, 2005, 89（6）: 845-851.

［228］Steenkamp J. B. E. M., De Long M., Baumgartner H. Socially desirable response tendencies in survey research ［J］. Journal of Marketing Research, 2010, 47（2）: 199-214.

［229］Stewart S. M., Bing M. N., Davison H. K., Woehr D. J., McIntyre M. D. In the eyes of the beholder: A non – self – report measure of workplace deviance [J]. Journal of Applied Psychology, 2009, 94 (1): 207 – 215.

[230] Stuhlmacher A. F., Walters A. E. Gender differences in negotiation outcome: A meta – analysis [J]. Personnel Psychology, 1999, 52 (3): 653 – 677.

[231] Sverke M., Hellgren J., Näswall K. No security: A meta – analysis and review of job insecurity and its consequences [J]. Journal of Occupational Health Psychology, 2002, 7 (3): 242 – 264.

[232] Tajfel H. Social psychology of intergroup relations [J]. Annual Review of Psychology, 1982 (33): 1 – 39.

[233] Takeuchi R., Yun S., Wong K. F. E. Social influence of a coworker: A test of the effect of employee and coworker exchange ideologies on employees' exchange qualities [J]. Organizational Behavior and Human Decision Processes, 2011, 115 (2): 226 – 237.

[234] Tekleab A G, Sims Jr H P, Yun S, Tesluk P. E., Cox J. Are we on the same page? Effects of self – awareness of empowering and transformational leadership [J]. Journal of Leadership & Organizational Studies, 2008, 14 (3): 185 – 201.

[235] Tepper B. J. Consequences of Abusive Supervision [J]. Academy of Management Journal, 2000, 43 (2): 178 – 190.

[236] Thau S., Derfler – Rozin R., Pitesa M., Mitchell M. S., Pillutla M. M. Unethical for the sake of the group: Risk of social exclusion and pro – group unethical behavior [J]. Journal of Applied Psychology, 2015, 100 (1): 98 – 113.

[237] Tinsley C. H., Cheldelin S. I., Schneider A. K., Amanatullah E. T. Women at the bargaining table: Pitfalls and prospects [J]. Negotiation Journal, 2009, 25 (2): 233 – 248.

[238] Tinsley C. H., Howell T. M., Amanatullah E. T. Who should bring home the bacon? How deterministic views of gender constrain spousal wage preferences [J]. Organizational Behavior and Human Decision Processes, 2015

(126): 37-48.

[239] Treviño L. K., den Nieuwenboer N. A., Kish-Gephart J. J. (Un)ethical behavior in organizations [J]. Annual Review of Psychology, 2014 (65): 635-660.

[240] Treviño L. K., Weaver G. R., Reynolds S. J. Behavioral ethics in organizations: A review [J]. Journal of Management, 2006, 32 (6): 951-990.

[241] Trougakos J. P., Cheng B. H., Hideg I., Zweig D. Too drained to help: A resource depletion perspective on daily interpersonal citizenship behaviors [J]. Journal of Applied Psychology, 2015, 100 (100): 227-236.

[242] Tsai W. C., Huang Y. M. Mechanisms linking employee affective delivery and customer behavioral intentions [J]. Journal of Applied Psychology, 2002, 87 (5): 1001-1008.

[243] Tsui A. S., Egan T. D., O'Reilly Ⅲ C. A. Being Different: Relational Demography and Organizational Attachment [J]. Administrative Science Quarterly, 1992, 37 (4): 549-579.

[244] Tuckey M R, Bakker A B, Dollard M F. Empowering leaders optimize working conditions for engagement: a multilevel study [J]. Journal of occupational health psychology, 2012, 17 (1): 15.

[245] Umphress E E, Bingham J B, Mitchell M S. Unethical behavior in the name of the company: The moderating effect of organizational identification and positive reciprocity beliefs on unethical pro-organizational behavior [J]. Journal of Applied Psychology, 2010, 95 (4): 769-780.

[246] Umphress E. E., Bingham J. B. When employees do bad things for good reasons: Examining unethical pro-organizational behaviors [J]. Organization Science, 2011, 22 (3): 621-640.

[247] Umphress E. E., Bingham J. B., Mitchell M. S. Unethical behavior in the name of the company: The moderating effect of organizational identification and positive reciprocity beliefs on unethical pro-organizational behavior [J]. Journal of Applied Psychology, 2010, 95 (4): 769-780.

[248] Vadera A. K., Pratt M. G. Love, hate, ambivalence, or indiffer-

ence? A conceptual examination of workplace crimes and organizational identification [J]. Organization Science, 2013, 24 (1): 172 – 188.

[249] Valentine S. R., Rittenburg T. L. The ethical decision making of men and women executives in international business situations [J]. Journal of Business Ethics, 2007, 71 (2): 125 – 134.

[250] Van Knippenberg B., Martin L., Tyler T. R. Process orientation versus outcome orientation during organizational change: The role of organizational identification [J]. Journal of Organizational Behavior, 2006, 27 (6): 307 – 326.

[251] Van Knippenberg D., Sleebos E. Organizational identification versus organizational commitment: Self – definition, social exchange, and job attitudes [J]. Journal of Organizational Behavior, 2006, 27 (5): 571 – 584.

[252] Veenhoven R. Is Happiness Relative? [J]. Social Indicators Research, 1991, (24): 1 – 34.

[253] Wahn J. Organizational dependence and the likelihood of complying with organizational pressures to behave unethically [J]. Journal of Business Ethics, 1993, 12 (3): 245 – 251.

[254] Walker D. D., van Jaarsveld D. D., Skarlicki D. P. Exploring the Effects of Individual Customer Incivility Encounters on Employee Incivility: The Moderating Roles of Entity (In) civility and Negative Affectivity [J]. Journal of Applied Psychology, 2014, 99 (1): 151 – 161.

[255] Wallace J. C., Edwards B. D., Shull A., Finch D. M. Examining the consequences in the tendency to suppress and reappraise emotions on task – related job performance [J]. Human Performance, 2009, 22 (1): 23 – 43.

[256] Wang M., Liao H., Zhan Y., Shi J. Daily Customer Mistreatment and Employee Sabotage against Customers: Examining Emotion and Resource Perspectives [J]. Academy of Management Journal, 2011, 54 (2): 312 – 334.

[257] Wang K. L., Groth M. Buffering the negative effects of employee surface acting: The moderating role of employee – customer relationship strength and personalized services [J]. Journal of Applied Psychology, 2014, 99 (2):

341-350.

[258] Wang M., Liu S., Liao H., Gong Y., Kammeyer-Mueller J., Shi J. Can't Get It Out of My Mind: Employee Rumination After Customer Mistreatment and Negative Mood in the Next Morning [J]. Journal of Applied Psychology, 2013, 98 (6): 989-1004.

[259] Warren D. E. Constructive and destructive deviance in organizations [J]. Academy of Management Review, 2003, 28 (4): 622-632.

[260] Waston D., Clark L. A, Tellegen A. Development and Validation of Brief Measure of Positive and Negative Affect: The PANAS Scale [J]. Journal of Personality and Social Psychology, 1988, 54 (6): 1063-1070.

[261] Westman M., Etzion D., Danon E. Job insecurity and crossover of burnout in married couples [J]. Journal of Organizational Behavior, 2001, 22 (5): 467-481.

[262] Wilson N. L., Holmvall C. M. The Development and Validation of the Incivility From Customers Scale [J]. Journal of Occupational Health Psychology, 2013, 18 (3): 310-326.

[263] Winterich K. P, Aquino K., Mittal V., Swartz R. When Moral Identity Symbolization Motivates Prosocial Behavior: The Role of Recognition and Moral Identity Internalization [J]. Journal of Applied Psychology, 2013, 98 (5): 759-770.

[264] Wong K. F. E., Yik M., Kwong J. Y. Y. Understanding the Emotional Aspects of Escalation of Commitment: The Role of Negative Affect [J]. Journal of Applied Psychology, 2006, 91 (2): 282-297.

[265] Wong C. S., Peng K. Z., Shi J., Mao Y. Differences between odd number and even number response formats: Evidence from mainland Chinese respondents [J]. Springer US, 2011, 28 (2): 379-399.

[266] Wong Y. T., Wong C. S., Ngo H. Y., Lui H. K. Different responses to job insecurity of Chinese workers in joint ventures and state-owned enterprises [J]. Human Relations, 2005, 58 (11): 1391-1418.

[267] Wu L. Z., Zhang H., Chiu R. K., Kwan H. K., He X. Hostile Attribution Bias and Negative Reciprocity BeliefsExacerbate Incivility's Effects on

Interpersonal Deviance [J]. Journal of Business Ethics, 2014, 120 (2): 189-199.

[268] Xu S T, Cao Z C, Huo Y. Antecedents and outcomes of emotional labour in hospitality and tourism: A meta-analysis [J]. Tourism Management, 2020, 79 (1): 1-15.

[269] Xu T, Lv Z. HPWS and unethical pro-organizational behavior: A moderated mediation model [J]. Journal of Managerial Psychology, 2018, 33 (3) 265-278.

[270] Yang J., Diefendorff J. Therelations of daily counterproductive workplace behavior with emotions, situational antecedents and personality moderators: a diary study in Hong Kong [J]. Personnel Psychology, 2009, 62 (2): 259-295.

[271] Yeung A., Griffin B. Workplace incivility: does it matter in Asia? [J]. People and Strategy, 2008, 31 (3): 14-19.

[272] Zhan X., Li Z., Luo W. An Identification-based model of workplace incivility and employee creativity: evidence from China [J]. Asia Pacific Journal of Human Resources, 2019, 57 (4): 528-552.

[273] Zhou Z. E., Yan Y., Che X. X., Meier, L. L. Effect of workplace incivility on end-of-work negative affect: examining individual and organizational moderators in a daily diary study [J]. Journal of Occupational Health Psychology, 2015, 20 (1): 117-130.

[274] Zhou X., Ma J., Dong X. Empowering supervision and service sabotage: A moderated mediation model based on conservation of resources theory [J]. Tourism Management, 2018, 64 (1): 170-187.